新版

臨済宗の常識

藤原東演

はじめに

臨済宗について、どんなイメージを持っていますか。

坐禅をする宗教、厳しい修行をするなど、そんなイメージではないでしょうか。

檀家さんが、「友人から『坐禅をしてみたいのだけれど、なんにも知識がない。あなたのお寺は臨済宗と言っていたけれど、アドバイスしてくれる？』と聞かれて困ってしまったのです。法事やお墓参りでお寺にうかがっていますから、どんなお経を読むか、焼香はどうするか、などはいいのですが、臨済宗の教えや坐禅はなんのためにするのかわからず、説明できませんでした」と正直に話されました。臨済宗の一住職として反省しきりでした。

そこで本書では、一般の読者にもできるだけわかりやすく臨済宗の基本的な事柄を書くことにいたしました。まず、臨済宗の歴史、臨済宗の宗祖とその教え、日本の臨済宗の高僧について述べます。

次に日々読むお経とその意味、続けて仏事の所作を学びましょう。そして法事や葬儀というご先祖のご供養の意義や心がまえに進めていきます。最後に行事のあらましを紹介します。

このように宗教を学習するうえで、宗派に関する知識はとても大切ですが、それだけでは充分とは言えません。

先日、ある方が尋ねて来ました。彼は十年ほど前からカルチャーの禅講座に休むことなく参加してくれています。「ずっと拝聴してきまして、ザルみたいな頭で肝心なことはどんどん忘れてしまいますが、『一日一日を心を込めて生きることこそ大事だと思うようになりました。不平不満で過ごすのも一日、楽しく生きるのも一日、同じ一日なら後悔なく生きたほうがいい』と心に決めました」と語ってくれました。

この方はこの信念を心の拠り所として生きています。

このように宗教は、私たち悲喜こもごもの人生の拠り所となるものです。自分にとって悪いことが起きても、自分を見失わず、生きる栄養にできたら、いきいきと生き切ることができるようになっていきます。

この本では、日常生活で具体的に教えを実践できるように配慮しています。

なおこの本は、『臨済宗　仏事のこころ』と題してチクマ秀版社から出版されたものを底本に、新たに構成を組み立て直し、加筆・修正したものです。そのことを最後にお断りしておきます。

本書の出版にあたり、校正の労をとってくれた法友の山田真隆師、とてもご苦労をくださった髙相里美氏に心よりお礼申し上げます。

新版　臨済宗の常識　目次

第二章　臨済宗の名僧から生き方を学ぶ

第六章　臨済宗の法事と勤め方

第七章　臨済宗の年中行事

第一章　臨済宗の教えと歴史

仏教の始まり

人生苦の克服をめざして

今からおよそ二千五百年前、お釈迦さまがインド、ブッダガヤの菩提樹の下で悟りを開かれたときから仏教は始まりました。

お釈迦さまは少年の頃からとても繊細で、とくに青年になると人間の生涯を思うたびに思い悩みます。母をはやく失ったこともこの人の心に大きな影を落としたと思うのです。なぜ生きることにはいつも不安がともなうのか。なぜ病気になり苦しまなくてはいけないのか。なぜ老いて体が衰え活力がなくなり、頭も働かなくなるのか。なぜ死という恐ろしいものを免れることができないのか。どうしたらこれらの人生苦すなわち「生老病死」の四苦を克服できるのか、真剣に悩み、考え始めます。

この人生の難問を解決するために、とうとう王子の地位も妻やわが子さえ置いて城を出てしまいます。さまざまな宗教家や思想家に道を求めますが、お釈迦さまの御心を納得させてくれる師は誰一人としていませんでした。その後、苦行を重ねましたが、いたずらに時間が過ぎ去り身体を消耗するばかりで、悟りを開くことはできません。

ついにお釈迦さまは苦行を断念されて、尼連禅河《にれんぜんが》で沐浴し、ブッダガヤの菩提樹の下で坐禅をされました。

「悟り」とは何か

一途に坐禅して禅定に入り数日後、明星を見てにわかに迷いが解け悟られたのです。では何を悟られたのでしょうか。お悟りを開かれたとき、「不思議なことだ。不思議なことだ。皆誰しもが生まれたときから仏性をもっていたのだ」とお喜びの声を上げられたといいます。すなわち「仏性」を悟られたのです。まさにお釈迦さまの高らかなる真の人間性の宣言でした。

お釈迦さまは「真の人間性」に目覚めた人という意味で、「覚者」と呼びます。覚者はインドの古語（梵語《ぼんご》）のブッダ（仏陀はその音写された語）の意味を漢訳したことばです。

仏陀は人間ですから、キリスト教やイスラム教のような、あらゆるものを創造した絶対的な存在、唯一の神ではありません。ここに仏教の一大特色があります。

それではお釈迦さまの宣言された「仏性」とはなんなのでしょう。「仏性」とは仏としての本性という意味です。わたしたち一人ひとりが本来、お釈迦さまと寸分も変わらない本性を有しているということです。わたしはこの「仏性」を「真の人間性」とか、「ほんとうの自己」と呼ぶことにします。キリスト教では、人は決して神になれないのですが、禅の教えでは、わたしたち誰しもが精進すれば仏になれるのです。

禅宗の成立と発展

インドにおいては、お釈迦さまが出現される以前から、身体を調え、呼吸を調え、心を調えて、真理に目覚める方法が重んじられてきました。それを「ダーナ」「ジャーナ」といい、音写して「禅那」とし、「浄慮」、「禅定」と漢訳されました。

インドの仏教は、戒（悪を止め、善を修める。戒めを守ること）と定（身体と心を調えること）と慧（人生の智慧）の三つを三学といい、兼修してきました。ところが次第に禅定に重点を置いて、熱心に修行する人々が現れてきたのでした。般若多羅《はんにゃたら》尊者はそういう人々の門流の一人。その法を嗣ぎ、中国へ禅を伝えたのが達磨さんです。達磨さんは中国に禅を伝えた最初の禅僧ですから、初祖《しょそ》と申します。

達磨さんは四世紀の末、南インドの香至国の第三皇子として誕生します。中国に悟りの心を何としても伝えようと、一説では南海経由で来たともいわれます。梁の武帝は仏教信仰の篤い人で、達磨さんと問答したということになっています。歴史上はありえませんが、禅の教えが端的に述べられていますから、紹介しましょう。

武帝「仏教の根本、本来の心とはなんでしょうか」
達磨「大空がカラッと晴れて、空に一片も雲がないように、胸中に鵜の毛一本たりともない、聖とか俗とか、仏とか衆生とか、対立するような考えなどまったくない境地だ」
武帝「あなたは何者だ」
達磨「知らない」
武帝「自分は即位して以来、寺を建て、僧侶を援助したことは数えきれない。どんな功徳があるのか」
達磨「功徳なし」
武帝と達磨さんは全く噛みあいませんでした。
達磨さんは洛陽の近くにある嵩山の少林寺に住するようになります。説法もせずひたすら山の洞窟で坐禅をし続けました。この達磨大師の法は、慧可《えか》禅師に伝えられていきます。
慧可は入門を請いましたが、なかなか許されず、降りしきる雪の中、半身が埋もれるくらいになって立ち続けました。そしてついに自ら肘を断ちきって、真剣な求法の決意を示したといわれます。有名な雪舟の「慧可断臂《えかだんぴ》」の絵を思い出します。
慧可は「私の心は安らかではありません。どうか安心させてください」と問います。すると達磨は「その不安な心をもってきなさい。そうすればお前さんを安心させてあげよう」

と応じます。慧可は全身全霊で求めました。しかし見つかりません。達磨に言うと、「これでお前さんを安心させてあげられたよ」と答えました。慧可は覚るところがありました。そこで心とは何かを考えてみてください。何かの縁にふれて起こったわが思いです。だから現象に過ぎなく実体はありません。慧可はそんな念が不安を起こしていることに気づき、大空のようなすみきった本心に目覚めたのです。

こうして初祖達磨から二祖慧可、三祖僧璨《そうさん》、四祖道信《どうしん》、五祖弘忍《ぐにん》と法がとぎれることなく嗣がれていきました。この弘忍禅師の弟子に、中国の大地に禅の教えを見事に根付かせた偉大な禅僧、六祖慧能《えのう》が現れ、その法を嗣ぎます。この方のもと、すぐれた禅匠がつぎつぎと出て、中国の大地に禅宗はどんどん広まり、代表的な七つの宗派、「五家七宗」と発展していきました。すなわち潙仰《いぎょう》宗、臨済宗、曹洞《そうとう》宗、雲門《うんもん》宗、法眼《ほうげん》宗を総称して五家といいます。さらに臨済宗から派生した黄龍《おうりょう》派、と楊岐《ようぎ》派の二派を加えて七宗となりました。

ここではわが臨済宗の宗祖、臨済義玄禅師が活躍されるまでの始祖方の法系と伝えられる主たるものだけ述べることにします。

菩提達磨―二祖慧可―三祖僧璨―四祖道信―五祖弘忍―六祖慧能
　　　　　　　　　　　　　　　　　　　　　　　└大通神秀
（六祖慧能）―南嶽懐譲《えじょう》―馬祖道一―百丈懐海―黄檗希運―臨済義玄
　　　　　　└青原行思

禅宗の教え

真の人間性に目覚める

誰でも坐禅をして修行を続けていけば、いつか必ずお釈迦さまと同じように自己の真の人間性に目覚めることができる、と教えるのが、わたしたちの禅宗の教えです。

では仏の本性＝真の人間性とはなんなのでしょうか。よく使う「自分」という言葉とどこが違うのでしょうか。辞書を引くと「自身。自己」としか出ていません。自身を引くと、「自己」と出ていて、これではいつまでたっても堂々巡りです。

そこでわたしたちの体験に即して考えることにしましょう。わたしは今、七十歳になりますが、物事を決めるとき、この世に生まれてから自分なりに積み重ねてきた知識や体験を踏まえて、是非を判断します。そのとき必ず伴うのが、自分にとって損か得かという勘定、好きや嫌いといった感情ではないでしょうか。先入観も起きます。つまり相対的な価値観のうち、自分に都合がいい方を優先して判断をするのです。

誰だって判断を間違わないように、そうした個人的な感情や勘定を入れないほうがいいとわかっているのですが、いざ自分の苦楽、利害や好き嫌いにかかわるような場合、主観を入れずに判断することはとても難しいものではないでしょうか。しかし難しいからといって、いつも主観的に考えたり行動していたら、後になって悔やむような結果を招くことは必定です。同時に他者の信頼を失ったり、トラブルが起こる可能性もあります。

考えてみると人間というものは、やはり自分が一番大切なのです。「わが身かわいさ」と言います。自分にこの身体がある以上、物事を考えるとき、理性より、わが身にとって都合がいいか、快か不快かどうかがとても重要なことになります。どうしても自分という存在を、他者に比べて優先させて考えがちになります。他者の振る舞いが、自分にとってよいか悪いかで善人になったり、悪人になったりしてしまうのです。

天使の自分と悪魔の自分

しかしすでに述べたように、自分にとって好ましいことや得になると思ってなされたことが、自分にとっていつもプラスになっているかといったら、必ずしもそうではありません。反対にマイナスになることも少なくはない。むしろ自分を苦しめてしまうことのほうが多いのではないのか、とさえわたしは思います。

そうだとしたらわたしを誤らせたり、苦しめたりする自分は、はたして本当の自分なのか。自分が自分と意識している自分以外に自分はあるのか。あるとしたら、それは一体何ものか。それは人生苦とはどう係わりがあるのか。つぎつぎ疑問が起こります。実はこれらは人生にとってとても重要な問いなのです。

強いあなたと、弱いあなた。
意地っ張りと、甘えん坊。
出たがり屋と、引っ込み思案。
ワガママさんと、素直ないい子。
どんな人の心の中にも、
天使と悪魔、ふたりの私がいるのです。

質問：本当の自分はどっちでしょう？
答え：三人めの私です。

天使と悪魔、
自分がふたりいるように感じるとき、
それを統合する「本当の自分」もいるんです。

本当のあなたは、
天使と悪魔のちょうど真ん中。
そのことに気づきさえすれば、
悪魔の衝動に負けることなく、
天使でいなくちゃと無理することなく、
自由な私でいられるんです。
（金盛浦子著『大丈夫！』より「天使も悪魔もひとりの私」）

この詩を読むと、ふだん自分と思っている自分は、本当の自分でないことがわかります。この二人の相反する自分に振りまわされない自分こそ、ほんとうの自分だと教えるのが禅です。

苦しみからの救い

お釈迦さまは生老病死（四苦）という人生苦の難問を克服しようと全身全霊で立ち向かったと述べました。ところで、人生苦についてお釈迦さまがなされた探求と体験は、正直言って、理論的には理解できても、本当にわかったということはできないと思うのです。そこであえてわたしたちの心のレベルに引き下げて推測してみることにします。

まず老苦についてトライしてみましょう。いつまでも年を取らない者はいません。考えてみれば、老化は人間にとってどうにもならない問題です。では老いる苦しみを人間は克服できないのでしょうか。

誰だって苦しむのはごめんです。老いたくない。でも身心の衰えがどうにもならないものなら、わたしたちは一方で、「老いるのはしかたがない」と考えるし、「若いときはよかった。なぜこんなに衰えていくのか」ともう一方で考えます。そうです、前者が天使、後者が悪魔と考えます。あの二人の自分が心の中で争っているのです。老いをありのままに受け入れることがなかなかできず、苦しんでいるのがお互いではないですか。

そこで、受け入れるのを妨げているのは何ものかと探求することが欠かせません。老いを拒否するような自分だけが自分なのでしょうか。そうだとしたらわたしたちは永遠に苦しみから救われないことになります。ここからはどうしても宗祖、臨済禅師に学ぶ必要がでてきました。

臨済禅師の言葉から学ぶ

あとでわが国の禅宗の宗派についてふれることにしますが、臨済宗は今からおよそ千百年前、中国の唐末から五代にかけて活躍された臨済《りんざい》義玄《ぎげん》禅師が開かれたとされる宗派です。臨済禅師は弟子を悟らせるためにつぎのように示され、弟子に悟りを迫ります。

「お互いの身体のなかに、一無位《いちむい》の真人《しんにん》がいる。未だ自得していないものは看《み》よ看よ」お釈迦さまの悟られた仏性、ほんとうの自分を臨済禅師は「一無位の真人」と主張されました。修行者の指導にあたって激しい「喝」によって弟子の自我を殺し活気を引き出すため渾身をぶつけました。その勇猛な宗風は将軍の禅と称されたのです。

では「一無位の真人」とは何ものなのでしょうか。

わたしたちは年を取ると、若いときの自分に心を位置づけて、老いた今の自分と比較するところがあると書きました。年を取ると、活力があり、将来の可能性に夢を抱くことができた自分を懐かしみ、老いた今は失われたものばかりが目につきます。どんどん老いていく自分を虚しさや惨めさから見つめがちです。そうすると老いが苦しくてたまらなくなります。これは誰にでもある性向なのです。

例えば、俳優さんのことを考えてみましょう。俳優はさまざまな役を演じなくてはなりません。年寄りを演じたり、病人を演じたりします。老人を演じるなら、身体もともに切り替えて、言葉遣いから動作までその役になりきって演じなければ、芸にならないと思います。そのときこんな役はやりたくないとか、惨めな役で恥ずかしいという雑念があったら、役に徹することはできません。自分を忘れその役になりきって、その意識さえなくなり、無心に演じることができるようになるまで芸を磨かなくてならないと思います。俳優に竹脇無我という方がいました。竹脇さんは本名も無我だといいますが、どんな役を演じてもその役と一つになれるように願って「無我」という芸名を付けたのでしょう。

人生の本番においても、老いたら老いになりきることが一番いい生き方なのです。これによって老苦、病苦、いやすべての人生苦において、苦があっても苦があったまま、苦に支配されず、心が自由にともに生きる新世界が現出するのです。

老いに徹するとは、これまで苦労してきたのだから自分をもっと大事にしてくれとか、周囲に欲求ばかりが強くなり、心が頑なでわがままになることではありません。それは老いに徹するのではなく、老いに執着することです。また病気になったから、もっと自分の苦しい気持ちを理解してくれてもいいじゃないか、と考えたりしたら、これも病気になりきるのではなく、執着です。執着していたら、けっして苦しみから救われないのです。

なりきる、徹する

では、なりきるとは、徹するとはどういう生き方をいうのでしょうか。私が六十過ぎたとき感じたことは、とても身体の末端部分が冷えやすくなったということです。そういえば学生の頃、六十過ぎた父が足の指先が冷えて眠れなかった、とよく口にしていたことを思い出し、余計に自分の老いを意識するようになりました。作家五木寛之さんも冷えに悩みますが（『こころ・と・からだ』集英社）、足の指にイチローとか、カズミとか名付けて、呼びかけながらゆっくり洗ってやるようになっていったそうです。そして身体の中心部より縁心部が大切と気づいた、と書いています。老いによる末端部分の冷えを嫌うのでなく受け入れ、これまで知らず知らずに酷使してきた手足や指先に感謝を忘れていた自分の愚かさに思わず苦笑している。同時にそういうことに気づくようになった自分に喜びを感じているのです。

そう考えると、老いはわたしたちからすべてを奪うのではありません。若いときには見出すことができなかったものを発見できる感性や物事を深く味わう能力を養ってくれることもわかってきます。ある方が「老いの虚しさはなくなりませんが、老いを楽しむこともできるようになりました」と語られたことが忘れられません。老いの位にとらわれたり逃げだしたりしないで、老いの位に徹することができたら、かえって老いにも若さにも振り回されない、自在な生き方ができるのではないでしょうか。

臨済禅師は、老いだけでなく人生のさまざまな位にあってそれにとらわれず、その位に徹して活き活き生きる「真の人間性」の働きを「無位」と表現したのです。いうまでもなく「位」とは、置かれた立場や状況を意味します。

禅宗の人間観

このように探求してくると、人間は、自分が置かれたこの現実から目をそらさず、老いなら老いに、病気なら病気という現実に自己をちゃんと位置づける、向き合う、できるだけ誠を尽くしてみよう、という気持ちも同時に起こってきますね。

これは経験的に誰にもわかると思います。悟るとか悟らないとかに関係なく、そういう真摯な気持ちは心の中で必ず働きだすものです。こうした働きは偽りの自分というものからは生まれてきません。自分の奥底に自我に振り回されない、自我を超えた、もう一人の自分、「ほんとうの自分」が働いているからなのです。

もう一人の自分についてもう少し述べさせてください。人間は自分にとって好ましい形、そうでなくては受け入れられないという「或《わく》(区切るの意)」を作りがちです。この「或」に心をプラスすると、「惑」になります。心を区切るとは、惑うこと。人間は年を取ればとるほど「或」を当てはめて物事を考えるようになります。頑固と言われてしまう。だから迷うのです。そこのところを孔子は四十歳(当時はこの年齢は老人の世界)を「不惑」と言って、戒めたのでしょう。

しかしもう一人の自分、すなわち自己の本性は「或」なんかに左右されません。固定されるような「或」などないということから、虚空、つまり大空のように形がない限りなく大らかな、柔軟な性質があることがわかります。難しい言い方ですが、この意味からもう一人の自分のことを「無相の自己」と呼びます。

このように、エゴイスティックになりがちな自分の奥底にもう一人の自己が働いていると目覚め、日常に生ききるのが禅宗の人間観なのです。ただこの自己は日々の生活に追われていると、いつの間にか自我の塵に埋没して、真の人間性の働く力が半減していってしまいます。だから臨済禅師はもう一人の自己に、「一無位の真人」に目覚めよ、とわたしたちに大慈悲をもって迫っておられるのです。

人間というものは自我（自分のことを自我と呼んだほうがわかりやすい）と真の自己との二重構造で構成されていると考えると理解しやすいでしょう。といってもこれまでの説明はあくまで理解してもらうための理屈の世界で、頭だけの理解を禅宗はもっとも嫌うものです。本来自我と真の自己は別ではありません。やはり自らの身体ごと「真実の自己」を学ばなくてはなりません。なんであれ「今、置かれたこの場」に自分を忘れて打ち込んでいくとき、ほんとうの自分を悟るというより、ほんとうの自己が現れてきます。坐禅もそのための修行のひとつです。

臨済宗の根本にあるもの

ただ、真に悟ることは容易なことではありません。そうなると凡人にとっては臨済宗の教えは難しい、自分には無理だと考える人もでてきてしまいます。でもたとえ五分でも日々、坐禅をしたり、物事に懸命に打ち込んでいると、次第に心が落ち着いてきます。「ほんとうの自己」はその分、現れてきます。

たとえ悟りの境地に行かなくても、そこに至る道程で人間には、「気づく」（禅では「省あり」）というすばらしい働きが生まれてきます。もちろんこの働きは「一無位の真人」から生まれてくるものです。生まれてくるのは「気づく」という働きだけではありません。他を思いやる優しい心や、失敗しても立ちあがる勇気、過ちに「待てよ」と自分を見直す心、どこまでもこつこつと継続する力など、人の徳性は、つまり自我に汚染されないこれら心の働きは宝物です。みな「一無位の真人」が源泉です。

井伊文子さん（旧琉球王家尚昌氏の長女）は結核に冒され、闘病を余儀なくされました。そういう中で一つの諦観を得ます。朝、コスモスの花が咲き出したのを楽しみながら、このような歌を詠みました。

躓《つまず》けば躓くままにコスモスの花美しみ臥せて今日を嘆かず

（『美しく老いる』春秋社）

病気を早く治そうと思っても自力ではどうにもならない。あせっても仕方がない。今の弱い自分でいいじゃないかと、思い悩むことを止めました。躓いた自己を素直に受け入れるようになるまで、涙の歳月は不可避だったことでしょう。でもこの時間があってこそ心を深くし、頭を切り換えられるのです。躓きが人の心を養ってくれます。

病に奪われたものばかりを数えていたら落ち込みます。数えることはひとまず放っておこう。躓いたおかげで物事をじっくり味わえる時間も充分頂いたじゃないか。自分のような気力の乏しい人間は躓くのはあたりまえじゃないか。躓くのは自分が弱くて価値がない人間だからなんて、卑下する必要などないのです。

躓くままに目覚めさせてもらえる自己を大切にしたい、と気づかれたのだと思います。

人は教えられて理解することはついつい忘れてしまうものですが、「あ、そうか」と自ら全身で気づいた真理は即座に身心に深く刻印されるものです。「気づく」という行為は極めて宗教的な行為で、小さな悟りといっても過言ではありません。気づきを重ねるうちに、自我の殻も少しずつ落ちていくのです。

このようにお釈迦さまも臨済禅師も「ほんとうの自分」に目覚められたから、「生老病死」の四苦を乗り越えることができました。だから臨済宗はお釈迦さまのお悟りを根本にするのです。

臨済宗の信心

身を以て学ぶ

「信仰」は、神聖なるものに畏怖の念を抱き、仰ぎ、生きるよりどころになることを意味します。「信仰」という言葉はキリスト教で使われていたようで、本来仏教では「信心」という言葉が使われてきました。これ以後は、「信仰」という言葉は使わないことにします。

それでは臨済宗の信心とはどんなことでしょうか。禅宗では、お釈迦さまのお悟りになられた真実の自己をわたしたち一人ひとりが自己を信じ、磨くことによって目覚めることができると教えます。そのためにはお釈迦さまの教えを学び、自分自身を向上させるための修行が必要なのです。

修行は専門の僧侶がするものであって、在家である一般の方に関係がないものと考えているかもしれません。また日々の生活に追われているから、とてもそんな時間がないと言われる方もあるでしょう。

でもそう考えないでください。道元禅師は、「身は学道よりきたり」（『正法眼蔵』身心学道）と示され、心だけでなく身をもって学ぶのがと仏道だと言いました。心と身は別ではありません。身体のたたずまいを直すと、心がしゃんとしますね。どこでもいつでも修行するところはあります。あなたにも体験的に理解できるはずです。

坐禅の意味

禅宗では坐禅が一番基本の修行です。修行道場に行かなくても、家庭で日々の工夫をして時間を作れば、短い時間でも坐禅できます。

鎌倉時代、京都の東福寺を開かれた聖一国師という禅僧に九条道家が、「修行しても悟るかどうかわからないなら、無駄ではないのか」と質問します。すると「悟りの心、仏心は誰でもあるし、本来迷いがない。だから未だ覚らなくても一時坐禅をすれば、一時の仏なり。一日坐禅をすれば、一日の仏なり。一生坐禅をすれば、一生の仏なり。このように信じることこそすばらしい素質の人である」と教えました。これこそ禅の「信心」です。

短い時間でも体を調え、呼吸を調える習慣を続けていけば、心が落ち着くことが実感できてきます。自分の日々の心のありようが観えてきて、自分がいかに自己中心的な心で生きてきたか、わかってきます。なぜかと言えば、すでに仏心、自分の本来の心に立ち返っているからです。坐れば坐るほど、本来の自己が現れ働き、あなたの生きる上での「よりどころ」となります。

日々の生活では、いつも何かに追われていたり、外の世界に関心が向いていますから、自分に目を向けることがおろそかになっています。おろそかになれば自分の心は乱れがちとなり、そういう自分がわからなければ、日々、刻々と起こる出来事をきちんと判断できなくなってしまいます。それは、生きるよりどころがないからです。知識や学問があっても判断する主体が動揺していては物事を客観的に見ることはできませんし、判断できるわけがありません。あなたの仕事や人生において、自分の心と体を調えることは絶対に欠くことができない修行だとわかっていただけたでしょうか。

次のお釈迦さまの言葉を味わってください。

おのれこそ　おのれのよるべ　おのれを措《お》きて　誰によるべぞ
よくととのえし　おのれにこそ　まことえがたき　よるべをぞ獲ん（『法句経』一六〇）

供養は自己変革のために

皆さんにとって一番身近な仏教との結びつきはご先祖の供養だと思います。日々のお勤めはご先祖の供養のためにする、と考えるのが普通でしょう。しかし供養はご先祖の報恩のためだけの仏事ではないのです。仏道の修行のことなのです。

そこで供養はどのような心構えで勤めたらいいのか、考えてみましょう。

経典にこんな問答が述べられています。お釈迦さまが八十歳で入滅される直前、沙羅の樹が二本並んでいる間に横になられました。そのとき、沙羅の樹が不可思議にも白い花を咲かせたというのです。弟子がお釈迦さまに誰が花を咲かせたのか尋ねます。すると、「沙羅の樹の神が自分の体に撒かせた」と答えるのです。さらに弟子が一体どんな花をささげたら最高の供養になるのか、を問います。そのときのお釈迦さまがお答えになったのが次の言葉です。

「紫金《しこん》の華は輪の如し　仏に散ずるもいまだ供となさず
この陰界《うつしみ》に無我に入ること　乃ち、第一供と名く」（『長阿含経』第三）

美しい花やさまざまな供物を供えてもらうのもありがたいが、それらはすべて無常であって、時がくれば朽ちていくものにすぎない。だからそれよりもあなた自身が本来の自己に目覚め、心豊かに生きてくれるように、自己改革してくれることがわたしにとって最高の喜びだ。その修行を実践してくれることが最上の供物だと導かれました。

供養のことをインドの古語（梵語）でプジャナーといいます。プジャナーは尊敬するという意味です。中国人は「供給資養《くきゅうしよう》」と漢訳しました。つまり仏・法・僧の「三宝」を資養するために香華・灯明・飲食などを供えることでした。仏教では人生の師を「仏」と呼び、説かれた教えを「法」と称し、その教えに従って修行する人々を「僧」といいます。この三つを尊重すれば、わたしたちは人生のさまざまな出来事に自分を見失うことなく、必ず心が豊かになるというのです。世間の宝に擬して、三つの人生の宝を「三宝」と教えます。初期の供養は、お釈迦さまや僧団に尊敬の意を表す行為であったのです。

このように、お釈迦さまやその弟子たちを人々は敬って供養したのですが、お釈迦さま亡きあと、後世になって仏宝として仏塔や仏像に、法宝として経典に、僧侶を僧宝として供養するように次第に変わっていきました。さらに一般の死者をご先祖とし、ご先祖の報恩としての法要が営まれていくと、三宝の内容も変化し範囲が広がってきたのです。すなわち死者をご先祖とし、仏さまとして敬うようになります。

現在の法事に当てはめて三宝を考えてみましょう。亡き人の御位牌を仏さまの前に置きます。まさにご先祖が仏宝となりますね。僧侶に法話をしてもらい、お経をあげ先祖の回向をしてもらう。仏法にふれ学ぶことになりますから、法宝に当たります。家族や親族と僧侶の法話を聞き、お経をともに読むことは修行になりますから、僧宝になります。

本来の自己に出会う

さらに「供養は修行」という点からもっと深く考えてみましょう。供養するときには、どんな心構えでお勤めしたらいいのか、ということです。
禅の立場から供養について説いたのは曹洞宗の江戸時代の禅者、天桂伝尊《てんけいでんそん》でした。師は著書『供養参』のなかで、先祖に報恩の法要は仏道を修することに他ならないと説き、具体的に述べています。
ある信者さんが天桂禅師に、仏さまやご先祖に供養したら故人に施主の心が届くのか、と質問しました。それに対して禅師は懇切ていねいに説かれています。「施主（法事を勤める人）はこの清浄な自心（著者注：本来の自己）をもって供養するわけですし、施主の供養するご先祖の自性も同じく本然清浄の虚空のような性質ですから、心は真に曇らず明白にして障りがないものですから、両者の心と心が融け合って、塵一つ入る隙間もありません。ですから親に供養するときはそのまま親に通じ、子に供養するときはそのまま子に達し、三世の仏祖に供養するときは三世の仏祖に通じ、法界の万霊に施すときは法界の万霊に達するのです」（『供養参』妙心寺派発刊資料「供養」より）
本来の自己に立ち返って供養を勤めて初めて、その志はご先祖の心に通じます、と天桂禅師はキッパリと断言したのです。そのことは亡き人の回向（法事を営んで、その功徳を故人に振り向ける文のこと。後述）のなかにも明白に記されています。法事を勤めさせていただくご先祖のために、供養する私たちが悟りの報土、すなわち本来の自己に目覚め、清浄な心で供養することがもっとも大事だと述べられていることからもわかります。

本来の自己に目覚めることは決して容易なことではありませんが、ともかくできる限り清らかな心で供養するよう努めると、本来の自己に立ち返っていくことができます。これが真の供養なのです。

わが国の禅宗の各宗派

日本の禅宗の流れ

ここでは日本の禅宗の流れを学ぶことにします。

日本に禅宗を伝えたのは、飛鳥時代の法相宗の道昭といわれます。さらに最澄が入唐して牛頭《ごず》法融《ほうゆう》禅師の禅を承けたとされますが、時機が熟さなかったのか広まらず、宗派としての力をもつまでに至りませんでした。武家勢力が台頭し鎌倉時代に入ると、武士は常に戦闘で生死の問題を迫られていましたし、新時代の担い手として自分たちの精神的バックボーンを求めていました。将軍の禅と称された宗風はまさに符号し、禅宗は急速に広まっていきました。最初、大日能忍と栄西が禅の教えを宣布しました。鎌倉時代にわが国に入った流れは主に四つに分けられます。

①栄西禅師（明庵栄西《みょうあんようさい》・京都建仁寺開山）、聖一国師（圓爾辨圓《えんにべんねん》・京都東福寺開山）、法《はっ》灯《とう》国師（心地覚心《しんちかくしん》）の禅と密教をあわせて学び修める教禅兼修の人々。

②蘭渓道隆《らんけいどうりゅう》（鎌倉建長寺開山）や無学祖元《むがくそげん》（同円覚寺開山）など、中国から来た禅僧の伝えた鎌倉禅。

③南浦紹明《なんぽしょうみん》（大応国師）が入宋《にっそう》し楊岐《ようぎ》派の虚堂《きどう》禅師の法を嗣ぎ、その法嗣である宗峰《みょうほう》妙超《みょうちょう》（京都大徳寺開山・大燈国師）、関山慧玄《かんざんえげん》（妙心寺開山・無相大師）の流れ。これを応燈関といい、わが国の臨済宗の主流となっていった。

④道元（日本曹洞宗の開祖）の曹洞宗の流れ。

江戸時代になり、中国僧隠元隆琦（宇治萬福寺開山）によって黄檗宗が起こりました。

現在、わが国の禅宗の流れは、臨済宗、曹洞宗、黄檗宗の三つの宗派があります。禅宗は日本人の精神生活や文化に多大な影響を与えてきました。

宗派の違い

つぎに宗派の違いについて述べることにします。

同じ禅宗ですから、根本は変わらないのですが、基本的な考え方や指導の仕方が異なります。

臨済宗は公案といって悟りに到達するための問題を師から与えられます。坐禅のとき、この公案と一つになって工夫するのです。なぜかというと、「人間は本来仏性を具《そな》えていることは間違いないが、ただ自我にくらませられて迷っている。その迷いに埋もれている仏性を再発見しなくてはならない」と考えるからです。

黄檗宗は、基本的に教義は臨済宗と異なりません。ただ臨済宗が宋と元の中国禅を受け入れたのに対して、この宗派は明末の中国禅を導入したこともあって、独自の宗風を保っています。「南無阿弥陀仏」と念仏しながら、坐禅をします。同じお経でも読み方も異なります。

日本の曹洞宗の宗祖道元は、坐禅は何かの目的、例えば悟るためにしてはいけない。へたな造作を加えなければ、そのまま人間は悟りの世界そのもので仏さまだ、とします。只《し》管《かん》打《た》坐《ざ》といって只管《ひたすら》坐禅をすることを勧めました。修行と証（悟りのこと）はどちらが先でどちらが後ということはできないとして、修証一等としました。

臨済宗各派について

二十四流の禅の法流がわが国に伝わったといいます。日本に鎌倉時代、臨済宗を伝えたのは栄西禅師と言われていますが、栄西禅師が伝えた禅は二十四流のうちの一つで、後に絶えてしまいました。わが国には鎌倉時代から室町時代にかけて、建長寺・円覚寺・寿福寺・浄智寺・浄妙寺という鎌倉五山が選ばれ、その後、天龍寺・相国寺・建仁寺・東福寺・万寿寺が京都五山と定められいよいよ発展していきました。しかし次第に法灯が消えかかっていった江戸時代、白隠禅師が現れて伝統的な臨済禅を継承しながら、新たな公案の体系を確立します。臨済宗の中興の祖と仰がれました。

その後、さまざまな因縁で臨済宗の各派が起こります。建仁寺、東福寺、南禅寺、大徳寺、妙心寺、天龍寺、相国寺、建長寺、円覚寺、向嶽寺、永源寺、方広寺、仏通寺、国泰寺という寺院を中心に、その名を取って各十四派に分かれました。しかしどの派も同様に、今日では白隠禅師の禅を修しています。

第二章　臨済宗の名僧から生き方を学ぶ

日本臨済宗の始祖
明庵栄西――富は使ってこそ生きる

この章では、知っていてほしい臨済宗の禅傑の生き方やその人独特の教化について学ぶことにします。栄西・関山慧玄・一休・沢庵・白隠の五人の禅僧です。

一日絶食して餓死するとも、苦しかるべからず

「時代が人を作る」と言われます。だが、時代を作ろうとするのも人です。平安末期はまさに末法の時代。世の中は荒廃し、人心も絶望と不安に喘いでいましたが、旧仏教は退廃していました。

栄西（一一四一―一二一五）はこうした時代に育ち、旧仏教の中心である叡山で修行しましたが、時代の要請を敏感に見て取り、中国・インドの仏法を直接学び、わが国の仏教の革新を図ろうとしました。そのために二度の入宋《にっそう》を実現し、さらには入竺《にゅうじく》（インドに渡ること）まで企画したのです。当時としては実に壮大な理想をもち、生涯、邁進した人で

す。そして、「顕密二教の盟主」「持律《じりつ》第一葉上房《ようじょうぼう》」「日本臨済宗の始祖」と称賛されてきた偉大な僧でした。

けれども一方では、栄西が公家や武家という権門に近づいたり、生前、自ら大師号を申請した事実には非難も尽きません。しかしながら当時、新しい宗派を立てることは至難の業。叡山の伝統と権威に、栄西は徒手空拳をもって挑んだのです。そのとき彼の受けた弾圧と屈辱はひどいもので、臨済宗の立宗には僧の法階や声望がなんとしても必要だと考えたのでしょう。そのため栄西は「新車の心も及ばぬに乗りて誠に美々しき体《てい》」（『明恵上人伝記』）で、朝廷に出仕したといいます。

栄西の振る舞いは派手でしたが、建仁寺の修行は簡素を極めていました。道元禅師は、栄西が貧道の日常に徹した人であったことを『正法眼蔵随聞記』の中で、弟子たちに何度も語っています。

栄西の在世、建仁寺は食物がなく、何も食べられない日がありました。ある日、一人の檀家が絹一疋を布施。喜んだ栄西は自ら持ち帰り、役の者に「明日のお粥にするように」と、それを与えます。ところがある人が来て、絹が二、三疋どうしても必要なので、少しでもいいからいただけないか、と請います。栄西は貰った絹をあっさりその男にやってしまいます。栄西は「各《おのおの》、僻事《ひがごと》にぞ思はるらん。然れども、我れ思くは、衆僧面々仏道の志ありて集れり。一日絶食して餓死するとも苦かるべからず」と答えているのです。

清貧より清富

栄西は、第二回目の入宋のとき、虚庵懐敞《きあんえしょう》の禅法を嗣ぎ、菩薩戒を受けました。菩薩戒とは大乗の菩薩の受ける戒のこと。「その心、其の戒に従ひ、純《もっぱ》ら大悲般若の情を発し、衆生に於て憎愛差別することなし。――これ菩薩の戒なり」（『出家大綱』）。すなわち僧たる者は菩薩であって、身分の上下、貧富、怨親《おんしん》の差別なく、慈悲心と般若の智慧（自我なきとき働く人生の智慧）を、何よりもまず衆生を救うために働かせることこそ菩薩戒だと、弟子たちに教えています。

清貧という言葉があります。修行生活が質素であればあるほどいいと戒めただけでなく、心も清々としていなくてはならないということ。心を清々するにはどうすべきでしょうか。自己の錬磨をしようという願心と、自分よりふれあう人々が幸福になるよう、思いやりを施す慈悲心の二つの実践しかありません。つまり菩薩の道こそ、清貧の本質といっていいのです。栄西の菩薩戒が清貧の実践にあったことがわかります。

しかし栄西は清貧の境地に止まらず、清富の世界へ、自己を昇華させていったのです。清富とは何か。己の第一義にはあくまで簡素にし、自分の欲のためでなく自分にとっても他人にとっても必要ならば、時間と金を惜しまない生き方のことです。自分の欲のみのために時間と金を投資すると、必ず身も心も濁ってくる。現代の人は生活の豊富な中で、心は濁り切っていないか。今日こそ、栄西の清富の精神を学ぶことが望まれるのではないのでしょうか。

志が人生を創る

栄西はいつ頃、入宋の志を抱くようになったのでしょうか。

わが国の仏教は中国の仏教を師と仰ぎ学び、盛んになってきました。ところが栄西の頃は最澄や空海といった日本の祖師の行法を尊び、中国仏教への関心は希薄でした。栄西は二十一歳で、叡山の伝統的な仏法にあきたらず、最澄の伝えた中国大陸の厳格な戒律を再興しようと決心します。中国仏教こそ日本の源流と考えた栄西がその志を人に話すと、嘲笑されたといいます。

栄西の入宋の志はいよいよ強くなり、二十八歳のとき、博多を船で出航。四月に明州《みんしゅう》（寧波）に着きます。栄西の一回目五カ月の入宋は、天台仏教の源流を探し、日本の仏教の堕落と停滞を打破することが目的でした。しかしその折、中国の禅の隆盛に直接ふれ、禅に魅かれていったのではないでしょうか。

四十七歳のとき、第二回目の渡航が実現します。

彼は釈尊の正法をインドで学ぶことを希求していました。栄西は渡印のために、南宋の都、臨安府に行きますが、長官はインドに通じる道の治安が悪いことを理由に許可状を与えませんでした。失望した栄西は祖国に帰ろうと中国を離れますが、逆風で温州瑞安県（現浙江省南部）に着きます。上陸し天台山に登り、万年寺の虚庵懐敞に謁します。その後、師が天童山景徳寺に住するに従い栄西も移ります。虚庵は臨済宗黄龍《おうりょうは》派の禅匠でこの人との邂逅が栄西の将来を決めたのです。

栄西はついに禅の奥義を究めます。日本人で黄龍派の禅法を受けたのは、栄西一人。同時に重要なことは、先に述べたように虚庵から栄西が菩薩戒を授与されたことです。

禅宗を立宗する

五十一歳のとき帰国。その後、禅宗の立宗を開始しようとした頃、京都では大日能仁《だいにちのうにん》が禅を広めていました。叡山は二人の風評を聞き、朝廷に禅宗の禁止を訴え、朝廷は禁止の宣下をしてしまいます。栄西は、かつて伝教大師が『内証仏法相承血脈譜』を著し、その中で自分が伝えたものは達磨がインドから伝えた禅の教えであると述べていることを指摘。もし禅宗が間違いなら、伝教大師も誤っていることになり、すると天台宗も正しくないと論破したといいます。

五十九歳のとき、弾圧を避けて関東に向かいます。鎌倉幕府は栄西に深く帰依し、二代将軍頼家は頼朝の一周忌法要の導師を栄西に命じました。さらに政子が開基となって寿福寺を建立し、栄西を開山に請じています。そして建仁二年（一二〇二）に将軍頼家は栄西を開山として、京都鴨川以東の地に建仁寺を創建することを決めます。栄西は叡山に配慮して、禅宗の他、真言と天台の二宗を合わせて三宗の寺院を開こうとします。そして建仁寺建立の宣旨が下り、朝廷からも公認されました。

栄西は三宗を総合する仏教寺院を開きますが、それは叡山に対する遠慮だけではありませんでした。栄西は宗派根性が皆無で、華厳宗の明恵上人も建仁寺で栄西に参禅し、真言宗泉涌寺俊芿《しゅんじょう》との友情も深かったのです。ここにも日本の仏教を革新するために宗派相互の交流を尊重する、栄西のスケールの大きさを見ることができます。

栄西は七十五歳で寂するまで、日本仏教の中興のため力を尽くし切りました。戒律の重要性を説き、禅を興すことの意義を訴えた『興禅護国論』の序にある、あまりに有名な一文、「大いなる哉《かな》心や、天の高きは極むべからず。而るに心は天の上に出づ。地の厚きは測るべからず。而るに心は地の下に出づ」を今、思い出しています。無論、悟りの心、般若の心を栄西は示しているのですが、不思議に「大いなる哉、栄西」と聞こえてくるようです。それほどスケールの大きな人間だったと思います。

妙心寺派開山
関山慧玄――簡素を極める

臨済禅の唯一の法流をつくる

妙心寺の開山、関山慧玄（一二七七―一三六〇。一二九七没という説もあり。）は、法に簡素、弟子の接化に簡素、生活に簡素を極めた禅者でした。師、大燈国師に比べて語録もなく、目立った業績もなく、一見するとあまり力量があったとは思えません。しかし何の飾りもなく、枯淡に徹しきった点に他の追従を許さぬ、この人独自の風格があります。

関山は妙心寺開山となりましたが、今日のように立派な伽藍があったわけではありません。花園法皇から譲られた花園離宮といっても、当時は雨漏りはするし、軒は落ち、縁も腐り、ひどいものでした。

生家高梨家の者が信州から上京して関山を訪れたとき、雨漏りがひどいのに気づいて、屋根の葺き替えをする費用くらい寄進すると申し出ました。それを聞いた関山は、「この俗物めが、今後二度と来るな」と大変怒ったといいます。

関山の室中には必要な物以外、両朝より賜った御宸翰《ごしんかん》（遺言）が納められた箱のみ。ぼろ衣をまとい、袈裟の環も藤蔓《ふじづる》をわぐねて使っていたといいます。

『甲子夜話続編』の中にも関山の枯淡な生活が述べられています。夢窓国師が随従を多く引きつれて御所に向かう途中、妙心寺の前を通ります。関山は黙々と、落ち葉を掃き集めて焚物《たきもの》をしようとしていました。夢窓はその姿を眼にし、「あの僧こそ、後は我法孫も、皆彼の会下《えか》たるべけれ」と感嘆。七朝帝師といわれた夢窓の予言通り、夢窓の門下は絶えてしまい、大応国師南浦《なんぽ》紹明《じょうみん》、大燈国師宗峰《しゅうほう》妙超《みょうちょう》、無相大師関山慧玄《かんざんえげん》の、応・燈・関の禅が、現在わが国臨済禅の唯一の法流となりました。

奪うことこそ、与えること

関山は、日常の行事や威儀にまったく拘泥せず、読経規矩にも重きを置きませんでした。詩文も一切作らず、ひたすら坐禅、公案、作務（勤労）の三つのみを修行僧に修せしめることを己の使命としました。関山は作務のとき以外は、終日室内に端坐《たんざ》して、参禅をうけます。関山のもとへ道心のある者が次第に集まってきましたが、よほど願心があるものでないと耐えられませんでした。関山は棒喝《ぼうかつ》を容赦なく参禅の雲水に浴びせ、厳しく鍛錬したからです。結局、授翁宗弼《じゅおうそうひつ》一人のみが関山の法を嗣ぐことを許されただけでした。

関山の修行で忘れてはならないのが、作務です。夢窓を感慨させたように、落ち葉をひろい、茶を摘み、木の根を掘り、雲水とともに流汗三昧の勤労に務めました。宋の高僧、大慧宗杲《だいえそうこう》が、「動中の工夫（修行）は静中《じょうちゅう》の工夫に勝ること百千万倍」と言いました。勤労に打ち込むと、したたり落ちる汗とともに、心の妄念も自然に流れ出て、無心になりやすいのです。関山は、作務の実践こそ、修行僧が真の人間性を自認するのに、誠によい体験だと考えたに違いありません。関山の法孫は代々、作務を重んじます。関山の法を江戸時代に正受から嗣いだ白隠も大慧の言句を好み、動中の工夫を尊びましたが、関山ほど作務に勤めた禅者はいないと思われます。

このように関山は、法においても、弟子の指導においても、日常においても、可能な限り余分なものを排除します。修行者が専一に本来の自己を探求するためでした。また自らも修行僧とともに簡素な生活に徹します。修行僧から物を奪い、心の妄念を奪い尽くして、本心に目覚めるよう求道心を鼓舞し続けます。奪うことこそ、与えることだ、という本物の大慈悲心に己の使命を賭したのです。

関山は自分の行状を書くことを許さなかったので、現在も不明な点が多いのです。

関山は今の長野県中野市に近いあたりの城主、高梨高家《たかいえ》の第二子として誕生。関山の祖父、経頼《つねより》は樵谷《しょうこく》禅師に帰依し、一子を出家させました。これが伯父の月谷宗忠禅師で、大応国師の門下でした。父は、月谷について修道し、関山の幼少教育も頼みます。こうした信心深い家庭で育った関山は次第に、立派な僧になりたいと思うようになりました。十一歳で出家の決心をし、鎌倉の月谷和尚の一渓庵に向かいます。

その後、建長寺に入寺した大応国師に相見し、慧眼という名をいただきます。ようやく明眼の師に出会いましたが、翌年、大応は七十四歳で遷化します。関山はしばらく鎌倉に留まり各師に参じた後、郷里に隠棲していたといいますが、はっきりしません。

大燈国師との出会い

建長寺開山蘭渓道隆《らんけいどうりゅう》の五十年忌法要が勤められた折（一三二七年）、関山は、京都大徳寺の大燈国師こそ天下の宗匠だと聞きます。求道心の旺盛な関山は直ちに都に向かいます。入門を求めると、大燈は紹介者を尋ねますが、関山は善知識は金剛の正眼をそなえているから、ほんの一見すれば心肝を見極めることができるはず、紹介状など一切いらないではないか、と答えます。大燈も関山のこの禅機を喜び、直ちに弟子になることを許したといいます。

嘉暦四年（一三二九）大燈から禅道を究めつくしたことを証する印状を受け、慧玄の号を賜ります。間もなく漂然として大徳寺を出て、美濃（岐阜）伊深の山里に密かに移り住みます。昼は村人のどんな頼みも快く引き受け、疲れもいとわない。夜は村はずれの破れ寺の裏にある、苔むした岩の上で坐禅を続けました。「悟後の修行」と申します。

延元二年（一三三七）、大燈が病に患り、再起不能と知った花園法皇は驚き、門下の中、師にふさわしい者を選んでくれるよう頼みます。大燈は迷わず関山の名を挙げました。法皇は重ねて、「花園の離宮を禅寺に改め、関山を住持とし、山号寺名を決めてほしい」と願い、大燈は「正法山妙心禅寺」とつけたのでした。

大燈の遷化後、関山が伊深の里にいることが判明。初めは固辞していた関山もこれが師の遺志による勅命と知り、承服せざるを得ず、とうとう都に上がることになりました。驚いたのは八年間も「慧玄さん、慧玄さん」と気軽に呼びかけ、無理難題をいっていた村人たちです。

村人のなかに、欲の深い年寄り夫婦がいて、最後の教えを求めました。関山は、にっこり笑って、二人を向かい合わせ、頭と頭をゴツンとやります。「痛い」と思わず二人は叫びます。関山は、「そこを忘れるなよ」と諭したといいます。頭を打って「痛い」という声は、何も考えずに思わず出たもの。この何も分別しない声こそ、本心仏性の叫びです。何も分別しないで、見たり聞いたり話していたら、こだわりがないから、本当に自由な生活ができるのです。白隠がこの逸話を聞いて、「思わず寒毛が立った」ともらしたといいます。

枯淡に徹す

花園法皇は、関山を迎え妙心寺を開創し、開山としました。法皇は、関山の丈室に隣接し、玉鳳院《ぎょくほういん》を建てて、朝夕問法されました。しかし御病気になり、関山にあてて御宸翰《ごしんかん》を授けます。大燈国師につき禅の奥義を究め安心を得た。その恩をなんとしても返し、仏法を隆興したい。だが思うにまかせず、その願いを果たしていない。この頃、病気も悪くなり、自分の寿命もいつ尽きるかわからない。もしこのまま失命したら永劫の恨みが残る。大燈国師の法を嗣ぐ一流の再興と妙心寺造営のことくれぐれも頼む、と仙洞の光厳上皇(北朝)に委嘱されました。たとえ自分が亡くなっても、必ず平生の志を果たしてほしい。大燈国師門下の中で、関山をおいて他に人がいない。遠い将来のことを深く考えて、仏法隆興の願を計りたい、と切々と遺詔を残されました。これを妙心寺では「往年《おうねん》の御宸翰」と呼びます。

関山禅師は文章も書蹟もまったくと言ってよいほど残すことをしませんでした(妙心寺第二世授翁宗弼《じゅおうそうひつ》禅師への印可状のみが自筆で残っている)。語録もありませんが、弟子に示した語は三つ、関山禅師の三転語と伝えられています。

本有《ほんぬ》円成仏、何としてか迷倒の衆生となる
慧玄が這裡《しゃり》に生死なし
柏樹子《はくじゅし》の話に賊機《ぞっき》あり

八十四歳になった関山は、旅装をととのえ、授翁一人を伴って、妙心寺の玉鳳院の横にある風水泉《ふうすいせん》（井戸の名）に来ました。そこで最後の教えを授翁に訓じ、そのまま立ったまま亡くなります。この訓誡がまとめられ、「無相大師遺誡」として成文化されました。要約すると、「私は花園先帝の招きで、正法山妙心寺の開山となった。しかしその私を育ててくれたのは大燈国師とその師大応国師の二人だ。だから後に私のことを忘れてもいいが、大応、大燈の二人の祖師の恩を忘れたら、私の児孫とはいえない。どうか本当の自己を究明することに全力を尽くしてくれ」。

関山はどこまでも自分の生涯の功績を大応、大燈の両師に帰しています。両師の純粋禅をそっくりそのまま伝えていくことに、関山がいかに腐心してきたかがよくわかります。遷化するまで実に純朴で、枯淡に徹した禅者でした。

説話の主人公

一休宗純――俗にあって俗に汚れず

「とんち一休さん」の本当の姿

一休（一三九四―一四八一）の生きた室町時代、室町幕府はまったくの無力で、相次ぐ各地の戦乱に手を焼き、一揆も起こり、さらに飢餓や疫病に襲われ、世の中は乱れに乱れていました。ところが宗教界、特に禅門は庶民の苦悩や不安を忘れ、時の権門や富豪に結びつき、禅の教えすら売りものにする始末でした。このような時代、後小松天皇の落胤といわれた一休は謙翁・華叟《かそう》という修禅専一の両師のもとで厳しい修行の日々を送り、禅の奥義を究めます。その後、一寺に長く留まることをせず、雲の上を行くが如く、水の流れるが如く、漂泊の生涯に生きました。その生活は清貧そのもので、庶民とともに泣き遊び、味方となり、よき相談相手となった、実に人間味あふれる禅者でした。だから一休といえば、親しみのある、頓智な坊さんを思い浮かべるのは至極当然のことです。

しかしこれだけでは一休の実像は歪曲されてしまいます。当時の禅門の腐敗や堕落は目に余るものがあり、それに対する一休の非難は極めて執拗でした。しかも、堂々と遊郭に出入りし、正月には骸骨を竹の棒につけ、「ご用心、ご用心」と歩いたり、石地蔵の開眼供養を頼まれ、頭の上から小便をかけたりと、奇行、乱行と思われる振る舞いをあげたらきりがありません。強烈な人間性を赤裸々にして生きた風狂の禅者でした。

乱行の根底にあるもの

一休が六十二歳のとき編したといわれる『自戒集』は、兄弟子・養叟《ようそう》への非難で終始しており、その辛辣さに驚かされます。

養叟は大燈国師を開山とする大徳寺第二十六世で、一休と同じく華叟の法を嗣いでいます。師の一字を授けられるほど力量のある禅者で、ひたすら大徳寺の再興に力を注ぎ、紫衣勅許の寺に格上げした、政治力も有した人でした。しかし、そのために権門に近づき、堺の豪商にへつらい、彼らを参禅させ公案を与え、本当にわからなくてもどんどん進ませたらしいのです。大徳寺の開山以来の清貧枯淡な家風を尊重し受け継ぎたいと思っていた一休にとって、養叟の俗物根性は我慢できるものではありません。一休の養叟非難はいよいよエスカレートし、養叟が業病をわずらったとか、弟子が狐つきになったとか、デマをでっち上げていきます。ここまでくると養叟への子供じみた嫌悪感が一休に狂態を演じさせているとしか思えません。

一休は自ら狂雲と号していますが、後に江戸時代の沢庵は狂人どころか、実頭《じっとう》（真実）の人だと喝破しています。狂雲と実頭はまったく相反する言葉です。狂雲とは文字通り狂った雲のこと。常軌を逸した者の意です。それに対して実頭は純一無雑に道を探求する者のこと。実は狂の字には前述の意味以外に、「物事に没入する」、「志を高く小事を事とせぬ」があるといいます。つまり志をもって生きているので、世俗にあっても世俗に汚れていない、世俗の常識にとらわれない、ということが狂の本意、風狂の真意ということができます。そうなると風狂、狂雲こそ、真の人間性の吐露となります。沢庵は一休の乱行の根底に、実頭なるものを見て取っていたのです。

虚空の禅者として

僧侶の名利に走る養叟をこれほど厳しく攻撃した一休が、一方では酒場や遊女屋に行き徹底して遊んでいます。盲目の美女、森女との晩年の深い交情はよく知られています。さすがの一休も色欲には弱かったと思われても仕方がありませんが、果たして短絡的にそう決めつけていいものでしょうか。

当時、僧侶にも寺院の中で男色を好んだり、女性をひそかに囲っている者も多く、たてまえと本音をうまく使い分けていたのでした。一休はそういう俗物と違い、堂々と遊んでいます。一休にはたてまえと本音の境界はなかった、だからといって一休の本音は動物的本能の囚人ではなかったことを忘れてはなりません。

一休の本音はどこにあったのでしょうか。一休は色欲を穢らわしいものと否定せず、人間の自然の情とさらりと認めていました。しかし色欲に溺れてはならないのは無論のことでした。自己を見失ってしまうからです。一休の見處にはきわめて無理がない。色欲に対して奇妙なこだわりやてらいがまったく見られません。実にスカッとしている。何ごとも無理がないのが最も真実の生き方ではないのでしょうか。

こうしたこだわりのない、大らかな、素直な心、仏心を一休は「虚空《こくう》」と言っています。一休の仮名法話、『骸骨』には、「虚空」が詳しく説かれていますが、なかなか難解です。いかに仮名でやさしく書かれているといっても、「虚空」は一休が悟りの体験を経て、初めて獲得したものだからです。しかし無謀と知りつつ、私なりに要約してみましょう。

人は身分に関係なくすべて骸骨になってしまう。死亡率百パーセント。人の諸業、生活の営みもしょせん皆虚しい、そらごとにすぎない。人間の喜怒哀楽の念もそのときどきの縁によって生まれるもので、これまた虚しいものにすぎない。だから人間の心情に執着してはいけない。心にいろいろな思いや想念が浮かぶのは、本来心に形や相がないからである。本来心に決められた形がないから、喜んだり、悲しんだり、心がさまざまに変化できるのだ。

一休に言わせれば、形や相をまったく絶したものこそ、本来の心で、それを「虚空」と呼んでいます。

「虚空」に帰ったとき、臨済のいう「色界に入って色惑を被《こうむ》らず、声界《しょうかい》に入って声惑を被らず、香界に入って香惑を被らず、味界に入って味惑を被らず、触界《そくかい》に入って触惑を被らず、法界に入って法惑を被らず」（『臨済録』）の自由自在の生き方が、どんな状況でもできるのです。だから一休は私たちに、「仏といふも虚空の事なり。天地国土一切の本分の田地にかへるべし」と言ったのです。

一休は虚空の禅者でした。あれほど非道を犯し、風狂の振る舞いを重ねても、時代を超えて一休は人びとを魅了しています。それは、この禅者の根底に、大らかな清浄世界、虚空が如如《にょにょ》としてはたらいていたからです。その虚空から生まれる、衆生を慈しむ心が、衆生をして覚醒させるために、誹謗や乱行に一休を向かわせずにはおかなかった。つまり一休の風狂は虚空からあふれてやまぬ菩薩の大慈悲心だといっても過言ではないのです。

「剣禅一如」の境地
沢庵宗彭——不動心を説く

不動心とは「動かない心」ではない

織田・豊臣時代から江戸時代初期にかけて活躍した沢庵宗彭《そうほう》（一五七三—一六四五）は、『不動智神妙録《ふどうちしんみょうろく》』を書いています。これは沢庵が柳《や》生《ぎゅう》但馬守《たじまのかみ》宗矩《むねのり》のために、武道をもって禅を説いたものです。沢庵はこの中で、「不動心」というとどまらない心の働きを尊重します。とどまらぬ心は、色にも香にも移ることのない清浄心で、移らぬ心の本体を神とも仏とも禅心とも極意ともいうのです。

一カ所に心をとどめない、心をどこにも置かなければ、心はわが身いっぱいに行き渡り、全体にのびのびする。そうなると、寸分の隙もなく、余裕もあるから、機に応じて、自由自在に働くことができます。

ところが、何か思いつめることがあると、人の言うことを聞いていながら聞こえない。思う事に心がとどまってしまう。この心にあるものをなくしてしまえば無心となりますが、心にあるものを取り去ろうとする心が、また心中にあると心が不自由です。思わなければひとりでにものはなくなり、おのずから無心になる、と沢庵は言います。

しかし思わない、「非思量底《ひしりょうてい》」くらい難しいものはありません。坐禅していると際限なくさまざまのことが浮かんできます。朝見たテレビドラマのこと、仕事のこと、何年も前に友だちに金を貸したこと。その想念を打ち消そうとすると、そのうち別の雑念が起こり、心はあちらにとどまり、こちらにとどまり、まるでテレビのチャンネルをやたらと変えて見ているようなものです。

無心になれ

それでは「思わない」ためにはどうしたらよいのかというと、沢庵は「応無所住而生其心《おうむしょじゅうにしょうごしん》」の教えを述べて剣道の極意を説きます。これは、『金剛般若経』の言葉で、まったくとどまらない心です。

つまりは無心になって物事をやれということです。例えば私たちが楽しく仕事をしているとき、頭を使うことも、手を使うことも、いや自分の身体、存在さえ忘れて働いています。それでいて仕事は最もスムーズにはかどり、立派に完成されている。心を忘れきってすべてを行なうのが上手の位、剣道の極意であり禅の極意だと、沢庵は教えています。

身近な例を挙げると、今やっている仕事をしながら、その前にした会話のことを考えてしまったり、あるいはこれから人と会う用件を思ったりすることがあります。そのとき今の仕事と自分がひとつになれず、バラバラです。そんなことをしていると、次に人に会ったとき、原稿のことを思い出したりする。人と話すことも心半分。そういう私たちのために「前後際断《ぜんごさいだん》」を沢庵は説きます。前（過去）も後（未来）も断ち切って、今、今とそのとき、その場の行動とひとつになるということ。すなわち物事をA↓B↓C↓D……と進めていくとき、今に打ち込み、Aが終わったらAのことを忘れ、Bのことに打ち込み、Cに移ったらBのことも考えず、Cに打ち込む……次々とそのとき、その場の事柄に打ち込み、打ち込んでいることすら忘れて、サラサラ転じていけば、物事が能率よく、ストレスもたまらずにできるのです。

沢庵は剣の道で、不動心を微に入り細にわたり説いています。その表現ひとつひとつに、沢庵が不動心という本心を己のものにするのに、いかに苦参苦修したかにじみでています。沢庵は生涯、山林閑居の生活を好みましたが、不動心の精進と重ねて考えると、沢庵がいかに深く心の静寂さと自由を希求したかがよくわかります。

しかし沢庵の一生は本人が望むと望まぬとにかかわらず、時代の流れに翻弄され、外から見たら極めて不自由で不幸なものでした。しかし彼は淡々と生きた。不動心をもって、心の静けさを見失わなかったのです。

沢庵を支えたものとして、不動心のほかにもうひとつ忘れてはならない真理がありました。

この世のすべては夢のごとく

沢庵は正保二年（一六四五）に七十三歳で寂します。弟子に遺偈を求められましたが拒絶し、代わりに「夢」の一字を大書して、「百年三万六千日、弥勒観音幾是非　是亦夢非亦夢　弥勒夢観音亦夢　仏云応作如是観　沢庵野老卒援筆」と小さく書き添えています。

「夢」という字はいうまでもなく『金剛経』の「一切有為法《いっさいういほう》　如夢幻泡影《にょむげんほうえい》　如露亦如電《にょろやくにょでん》　応作如是観《おうさにょぜかん》」からきています。すべてのものは、因縁で仮に和合し存在しているだけで実体はない。だからすべてのものを、夢・幻・泡・影・露・電のように実体はなく、はかないものと見做し、執着してはいけないという意味です。沢庵は機会あるごとに、夢を説いて煩悩を空じさせようとしています。

『東海夜話』の中でこう語ります。「この世は夢であり、いつまでも続くものではない。たとえば、財宝を沢山集めて得意になっていても、一寝入りの夢のなかで金銭を手に入れて、実の金銭と思い、有頂天になっても、夢がさめたとき、実の金ではないようなものである。夢のなかでは、夢だと知らぬもの、さめて初めて夢と気づくのだ。この世も夢であるのに、夢のなかゆえ夢とも知らず、多額の財宝を持って実の財宝と思い、家屋敷を立派にして、これがいわば蜃気楼であり神通力が浮かびあがらせた城にすぎぬことも知らず、実在の家屋敷だとうれしがる。人と争うのも夢だから、さめてみれば相手がいない。ところが実の人、実の我と思い、勝てばうれしい。勝つのがうれしいから、一途に人我の勝負に力を入れる。願わしいのは、勝つことを悦ばず、負けることを怒らぬ心になって、夢の勝負に熱をいれず、勝ちもせず負けもせぬ人になってはどうか」(『日本の禅語録』)と。

これは、沢庵の人生体験そのものから記述したに違いありません。

運命に翻弄されつつ懸命に生きる

沢庵はこの眼で織田、豊臣の滅亡を見ました。そして徳川の世になります。ようやく太平の世になり、山居の生活を楽しんでいた沢庵が「紫衣《しえ》事件」で、急に政治の表舞台に駆り出されます。天皇の勅願寺であった大徳寺と妙心寺は幕府が認める法度によらなければ紫衣を着られないという厳しい弾圧に反発しました。

沢庵は、徹底的に法度の誤りを弾劾。幕府はいたく威信を傷つけられましたが、沢庵の完璧な論証に反論する余地はありませんでした。結局、御法度に対し異議を申し立てることは公儀をないがしろにするものだという理由で、出羽の上ノ山に配流となり、四年の蟄居を余儀なくされます。徳川秀忠が没すると、沢庵は赦免されて江戸へ帰りました。ところが、幕府の法度に楯つき配流された沢庵この人が、皮肉にも徳川家に仕えなければならなくなりました。

沢庵と道交深く、弟子であった柳生但馬守や、沢庵に同情的だった天海僧正らの熱心な勧めで家光に謁見することになります。しかし二人は、会うと意外にも気が合い、特に家光は沢庵にすっかり敬服してしまいます。それ以来、仏法の問法はもとより、茶事に、能にと、事あるごとに城中に召され、東海寺という寺まで沢庵のために建立しています。家光の厚遇に深く感謝しながらも、沢庵は決して心から喜んでいませんでした。家光が沢庵のために館舎を造らせようとしたとき、沢庵があまり断るので、柳生宗矩の別宅に庵を造らせたほどです。この庵に沢庵は、「検束庵《けんそくあん》」と名づけて、仏道と人情の板挟みの心境を告白しています。そのとき作った歌があります。

うつゝとハいかにかまへておもふらん　夢さへなしといひしもあるを

沢庵は今のこの家光の至れり尽くせりの親切も夢、いやあの法度も、上ノ山での配流の生活も、すべて夢とみて、悲しみもせず、かといって喜びもしませんでした。私たちははかないもの、夢をよりどころとするから迷う。沢庵はこの世のはかないものに依頼心をもたないから、いかなる状況でも淡々と生きました。しかし、山林を住家としたいという、沢庵の生来の欲望は強くなるばかり。沢庵も家光の束縛だけは、夢の一字でサラリといかなかったのでしょう。そこに沢庵の人間味が感じられて、親しみがもてます。

沢庵は「夢」の一字を以て、文字通り紆余曲折の人生を生き抜きます。現実を夢と見極めるには、己の是非する分別心を空じなくてはならない。本来の自己に目覚め、般若の明敏な智慧が働かない限り、どんな状況にあっても夢と見定めることは不可能です。そこに沢庵の確かな修行と悟道があったのです。

正保二年（一六四五）十一月病を発します。家光は名医を遣わしますが、重くなるばかり。十二月十日、門下のもとに後事を託し、翌朝、先に述べたように「夢」の一字を書し終わるや筆を投げ寂しました。七十三歳でした。

臨済宗中興の祖
白隠慧鶴――地獄の恐怖から脱し切る

恐怖心からのスタート

江戸時代、臨済禅が活力を失ってゆきましたが、中興の祖と言うべき白隠慧鶴《はくいんえかく》(一六八五―一七六八)が登場します。白隠禅師は「南無地獄大菩薩」の書を実に数多く残しています。この人をして求道の力を与えたのは「地獄の恐怖」でした。「南無地獄大菩薩」の書を眼前にすると、その不気味さと息詰まるような恐ろしさに身じろぎができなくなってしまいます。

白隠の出家の因縁は地獄の恐怖でした。十一歳のとき、母に連れられて昌源寺という寺で、日厳上人の『摩訶止観《まかしかん》』の講義を聞き、悪行の報いによる地獄の恐怖を知ります。子供だからトンボを殺したり、チョウチョの羽をむしりとったり、随分いたずらもしていました。生来、感受性の強い白隠は、「我れ平生《へいぜい》殺害を好み、暴悪を恣《ほしいまま》にす、永劫《ようごう》の苦輪《くりん》身を避《さ》くるに処《ところ》なし」という思いでいっぱいで、全身が震え、いても立ってもいられません。

地獄の恐怖を幼ごころに終生、刻印してしまったのです。

いよいよ、出家しか地獄からの脱出はないと心に決めた十五歳のとき、原（沼津市）の松蔭寺の単嶺《たんれい》和尚のもとで出家得度し、慧鶴と名付けられました。そのとき、「若《も》し肉身にして火を焼くこと能わず、水も漂わすこと能わざる底《てい》の力を獲ずんば、設《たと》い死すとも休せず」と秘かに誓います。これは『観音経』の教えを学んだ白隠の堅い覚悟です。地獄の恐怖が投影されていることは間違いありません。

禅師に比べて、私たち現代人は地獄に無関心です。寺に掛けられた地獄絵を見ても、おぞましいと感じるだけ。死後の世界への想像力が失われたところに、現代人が善悪の尺度を喪失した原因のひとつがあるのかもしれません。

そこが地獄じゃ！

禅師の逸話に、悟った後の禅師の地獄観を最も直裁的に伝えてくれるものがあります。ある日、織田信茂という彦根藩の武士が白隠を尋ねてきます。「地獄とか極楽とかはいったいどこにあるのか」と。禅師は「それでも武士か、地獄はどこだ、極楽はどこだと探しているような者は迷っている証拠じゃ。そのほうは腰抜け武士だな」。武士は頭にきて、「腰抜けとは何事だ。仏の教えを求めに寄ったのに、無礼千万だ。謝れ、謝れ、謝らなければ切る」と刀の柄に手をかけて、禅師を睨みつけます。禅師はひょいと身を翻すと、本堂へ。「待て、ひきょうもの！」刀を振りかざし追いかけて、まさにひと打ちしようとしたとき、間髪を入れず、「そこが地獄じゃ」。耳がつぶれんばかりの禅師の一喝。武士は動けず、刀を納め、頭をたれて、「一時の怒りが身を滅ぼす。これこそ地獄だとよくわかりました」と心から謝罪。禅師はにっこり笑って、「それ、そこが極楽だよ」と諭したといいます。

白隠がこの武士に教えた地獄は死後の世界などではありません。即今、息をしているこの場が一念の濁りで自己を見失わせ、地獄を現成させたのです。まさに生命を賭した説法で、禅師の活潑潑地《かっぱつぱっち》な禅機がほとばしっています。

私たちは死が悲しいものだと考え、生は楽しいものだと考えますが、白隠はとてもストレートに、生こそ苦しい、恐ろしい地獄だというのです。ところが、自ら地獄作りをしているのは我心であることに気づかないのが私たちです。我心とは、いつも自分の幸福を優先させないと気のすまない欲念のことです。

初めは死後の地獄の恐怖から出家した白隠禅師も、禅道に邁進するにつれて、欲念こそ地獄の元凶と確信していったのです。禅師は欲念を「命根《みょうこん》」と呼び、「無始以来相続してきた無明の一念」と弾劾しています。

自分の本性を悟る——見性成仏の禅

人生は避けがたい苦しみがつぎつぎ起こるもの。生老病死の苦しみ、愛する者との離別の苦しみ、気の合わない者がお互いに生活し、我慢しなくてはならない苦しみ……。これらの苦しみはいかに時代が進んでもなくなりません。白隠の弟子にも、病気になって修行どころではなくなり、苦しむ者も少なからずいたようです。自らも禅病に苦しみます。白隠は信州中野の正受老人のもとで悟りました。しかしさらに過酷な修行を続け、身心が著しく疲労し体調をくずします。京都の白幽子に会い、「内観の法」を学び修めます。身体を寝かせ、両脚をしっかり踏み揃えて、気海丹田呼吸（臍の下五〜七センチ位のところ。丹田に意識を集中してゆっくり息を吐き、その力を抜いて息をゆっくり吸う。気を下半身に満たす呼吸法）を勧めます。そして、病気地獄をいかに克服できるかを語っています（『夜船閑話《やせんかんな》』）。

「生命は天命にまかせ、生活は看護人にまかせ、何も思案せず、ただひたすら坐禅工夫の心を忘れず、自己の正念を失わないことを第一としなさい。そして善悪の分別が起こる前のところを探求し、自己の本性を悟ることこそ人生の大事と知りなさい」（『遠羅天釜』）と励ましています。白隠は病気こそ修行の場といい、つらいという念の起きる以前の自己の本性を悟ること——見性こそ、地獄を超える道だと教えているのです。白隠は、見性なくして禅はない、仏教はないとまで強調します。見性するための唯一の方法は、公案の工夫だとし、公案を体系化。現代でも白隠の公案大系がすべての臨済宗の修行道場で使われています。

『法華経』の深い真理に気づく

四十二歳の秋、『法華経』を読み始めた白隠は、「譬喩品《ひゆ》」を読んでいたある夜、コオロギの鳴く声を聞いて、『法華経』の深い真理に心から合点がいき、思わず大声で泣き出してしまいます。白隠はここに至って、ようやく大自在の境地を手に入れたのです。白隠にとっては初めての真実、地獄の恐怖を超えた大事件だということができます。

『法華経』は、自分の悟りばかり求める小乗の羅漢でなく、衆生を導き済度する菩薩道を説いた経典です。恐らく白隠は『法華経』を再読し、その意を深く噛みしめたものと思われます。地獄に苦しんだ白隠だけに、今度は、衆生に経典や祖録を説き、正法にふれさせ、衆生を地獄から救済する活動に己の半生を投じたのです。その活動は極めて多角的で、著書も漢文体のものから誰でも読める仮名法語まで、つぎつぎと世に出していきました。

さらに弟子の指導にも力を注ぎ、公案を体系化し、優秀な弟子を輩出しています。その門下に遂翁《すいおう》、東嶺《とうれい》、提州《ていしゅう》、斯経《しきょう》の四天王。二甘露門の峨山《がさん》、大霊《だいれい》などもよく知られています。特に峨山の下に隠山《いんざん》と卓州《たくじゅう》が出て、この二人の法系によって現在十四派あるすべての臨済宗は占められています。いかに白隠の禅の教育が卓越していたかがわかります。

白隠は臨済禅の教化にわが身を惜しみませんでした。白隠は、見性したものの、日常の生活で働きがないことで悩み、禅病になった経験から、坐禅を「静中《じょうちゅう》の工夫」とするならば、朝起きて働き、食事をし、寝る、そのときその場も修行道場で、「動中の工夫（せぬ時の坐禅）」と呼んで重要性を強調しました。これも白隠禅の忘れてはならない特色です。

白隠は終生、大寺に住さず黒衣を着て、数知れぬ道俗を導きました。柳田聖山氏は、白隠をこう評しています。

「地獄に気付いた人は少ない。しかし、真に地獄を脱した人はさらに少ない。まして他のために地獄に下った人はまれである（『臨済の家風』）」

第三章　臨済宗の信心とかたち

礼拝の姿と心

お寺に行ったらすべきこと

あなたが菩提寺の本堂に入ったら、まず本尊さまの正面に坐して、手を合わせ、礼拝しましょう。礼拝の作法や形は後で述べます。合掌と礼拝は信仰の姿で、とても美しいものです。

インドのお釈迦さまの聖地を初めて巡拝したとき、最も驚き、感銘したのはチベット僧の礼拝の仕方でした。聖地の入り口どころかはるかかなたから、地に身体全身を投じながら起き上っては一歩一歩礼拝をして進んでいきます。そのためお釈迦さまのスツーパ（仏塔）に到達するまで、とても時間がかかります。自己を忘れ、時間を超越したまさに悠悠たる、それゆえ実に美しい礼拝でした。彼らの、お釈迦さまへの恋慕さえ感じさせる、深淵の敬いを目の当たりにしたとき、自分のふだん行じている礼拝がいかに形式的なものであることか、と感じ入りました。

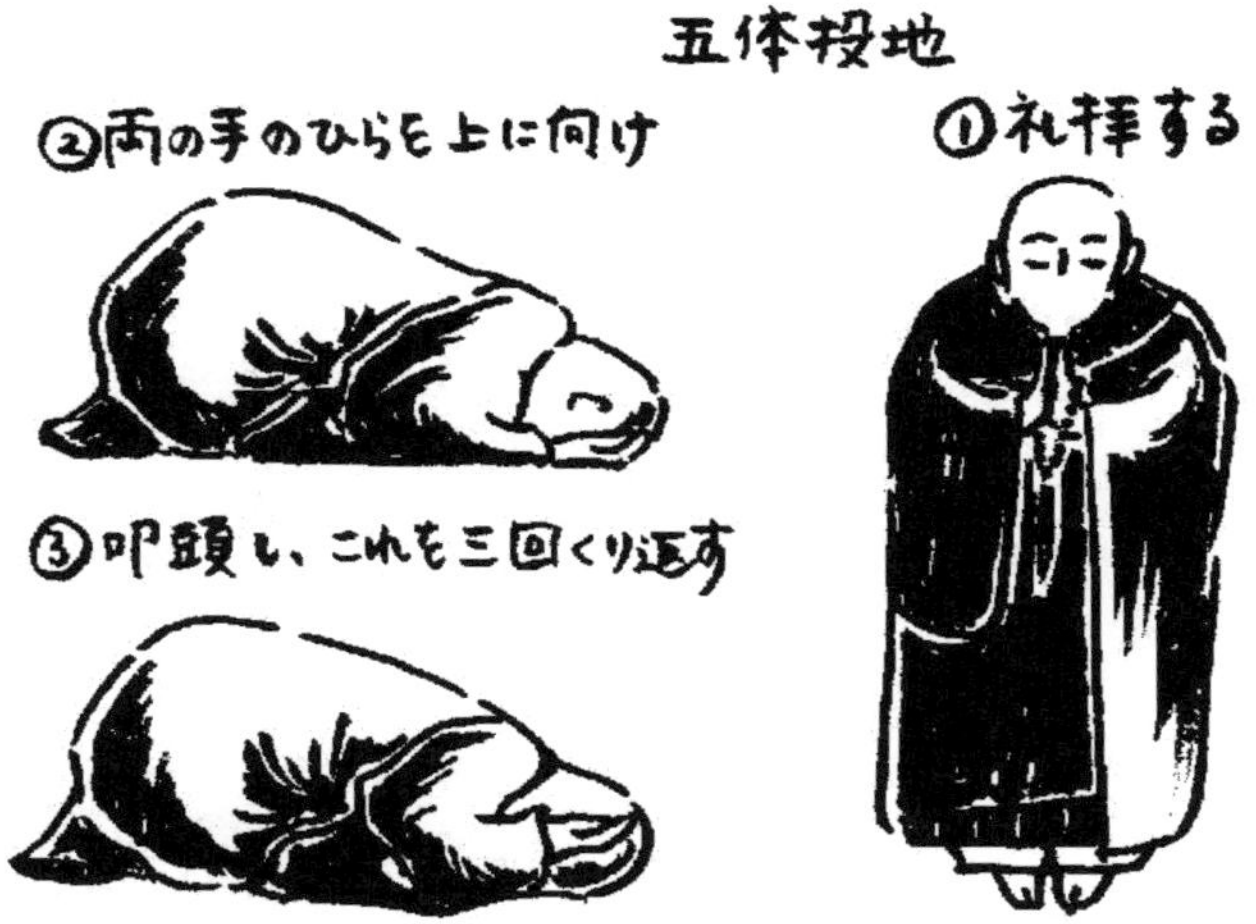
五体投地
①礼拝する
②両の手のひらを上に向け
③叩頭し、これを三回くり返す

ちなみに龍樹（初期大乗仏教を確立。インド南部生まれ。一五〇―二五〇ごろの人）は礼に三種類あると述べています。

「礼に三種あり、一には口礼《くれい》、二には膝を屈するも頭を地に至らしめず、三には頭を地に至らしむ、是を上礼と為す。人の一身頭を最上となし、足を最下となす、頭を以て足を礼するは、敬の至なり」（『大智度論』）

礼の最上なるものは、五体投地といって、頭・両膝・両肘の五カ所を文字通り地に着ける礼拝です。本来、仏さまの足を手にいただくのが礼拝です。だから心して礼拝をしなくてはなりません。イラストを見て礼拝してみましょう。

頭は下げても心は下げていない

唐の時代に、法達という青年僧がいました。彼は大変な勉強家で、経中の王とも讃えられる『法華経』を学び、その研究の上ではピカ一と言われていました。ある日、中国の南方に、文字もろくに読めないけれど、悟りを開いた偉大な禅僧がいると聞きます。

人は何代も生まれ変わり死に変わりして、ようやく悟りを開くのが本当であって、一代でそんなに簡単に悟るわけがない。第一、文字も読めなかったら経典など読むことができないから、仏道を学ぶことは不可能ではないか、そう疑った法達はその禅僧の力量を試したいと思いました。

その禅僧とは、中国全土に禅宗の根を張らせた六祖慧能《えのう》（六三七―七一二）です。法達は六祖と問答しようと意気揚揚と出かけました。禅匠に参じるとき、必ず礼拝することになっています。法達が六祖に礼拝すると即座に、「お前は頭を下げたけれど、おまえの心に下げていないものがある」、さらに言葉を続けて「お前は今まで何を学んできたのか」と問われます。法達は「わたしは『法華経』を探求すること三千回にも及びます」といささか誇らしげに答えました。六祖は「お前がいかに『法華経』を学習し尽くして意味を十分に理解しているとしても、自分はまだ至らないという謙虚な気持ちがあるならば、その時は私とともに修行しようではないか」と、導かれています。法達は素直に自分の至らなさを反省し、彼の弟子になりました。

人はとかく腹に一物、背に荷物、両手に荷物、心にも一物……という具合ですから、なかなか心から仏さまに礼拝はできませんし、他者を心から尊重して頭を下げることはできないものです。自分に自信がある人ほど自分の力で生きている、自分が人より勝っているという思い込みが心に根を張っているからでしょう。そういう人は顔の相がぎらぎらしていて、清清しないところがありますから、すぐにわかります。

本当のところ、誰しもが自分は人よりはましだ、という我見があり、腹に一物どころか三物も蓄えているものです。わたし自身、反省させられたお話を紹介しましょう。

硯学の教育者東井義雄先生が、ある方から、奥さんの足を拝んだことがあるか、と問われました。その方はその意味を説明はしてくれませんでした。尊敬している方の言われることだから、よく理解できないままに、先生は寺に帰って奥さんに足を拝ませてくれ、と靴下を脱いでもらいます。奥さんは怪訝な顔をしましたが、無理に見せてもらった時のことです。なんと奥さんの足は荒れてひび割れ、ひどい状態でした。「彼女も嫁に来た頃はきっときれいな足をしていただろうに。わたしが苦労をかけてこんな足になってしまったのに違いない」とこれまで気づかず、それほど自己本位に生きてきたか、申し訳なさで思わず手を合わせ頭を下げずにはいられなかったそうです。

我見があると、自分が関心ある世界しか見えませんから、多くの方々に支えられながら迷惑をおかけしながら生きていることが感じられなくなってくるのです。

ただただ礼拝する

我見という難物のこの一物にどう対応するかということは、実は人生を活き活きと、かつ心豊かに生きることと、深いかかわりがあるのです。心から「生かされている」とうなずけるには、心の掃除が欠かせません。ですから心を空っぽにして礼拝する修行、いや礼拝して心を空っぽにする修行がとっても大切なのです。

臨済禅師のお師匠さま、黄檗《おうばく》禅師（生年不詳―八五〇）がまだ青年僧の頃、常に仏さまに礼拝していて、おでこにコブができるくらいでした。ある日、禅師が礼拝するのを見て、若い頃、ともに修行した経験のある宣宗皇帝が「あなたは礼拝をしているが、禅僧ともあろうものが一体なにを求めて礼拝しているのか」と問答をしかけます。黄檗はさらりとこう答えます。ここは格調高い原典のまま記すことにしましょう。

「仏に著いても求めず、法に著いても求めず、衆に著いても求めず、常に礼拝すること是の如し」

一般的に礼拝とは神仏という尊いものに向かって行じる宗教的な所作ですが、黄檗はそういう礼拝をはっきりと否定しています。それでは一体なんのために礼拝していたのでしょうか。しいて言えば自己の本来の心、仏性に礼拝するといったらいいでしょうか。

礼拝をするとき、心の妄念もはき出すイメージで、息をゆっくり吐きます。そして立ち上がるとき、ゆっくり息を吸います。繰り返すうちに身も心も次第にさわやかになっていきます。私も諸仏諸菩薩、祖師方に礼拝する修行、布薩会《ふさつえ》の加行《けぎょう》で繰り返し礼拝してこのことを体験できました。そういう清浄な境地になれたのは本来の自己に立ち返ることができたからです。ただただ礼拝していくと、誰でも本来ある仏性そのものと一体になることができるのです。

禅の本来の立場から言えば仏性と自己は常に一体なのですが、人間ですからさまざまな縁にふれて、心に雑念や妄念が起きるものです。でもひたすら礼拝するのです。自ずと身も心も清浄になり生きていることの喜びを全身に感じることができます。悟りを開いた黄檗は雑念や妄念に患うことはなかったのですが、やはり人間ですから，外の世界にふれれば、瞬間、「これは嫌だ」というような一念が起きたに違いありません。しかし彼はその念を二念、三念と重ねない。それを懺悔してただただ礼拝して味わう清澄な境地を楽しまれたから、「常に礼拝すること是の如し」と答えたと思うのです。

合掌の姿と心

煩悩が浄化される

仏教の最も基本的な所作は合掌です。

「合掌とは、此の方（中国）には拱手《こうしゅ》を以て恭《きょう》となし、外国（印度）には合掌を以て敬《けい》となす。手は本、二辺なり、今合して一となす。敢《あ》えて散誕《さんたん》せず、もっぱら一心に至ることを表わす。一心相当するが故に、此れを以て敬を表すなり」（天台智顗《てんだいちぎ》著『観音経義疏《かんのんきょうぎしょ》』）

中国では叉手《しゃしゅ》といって、胸の前に両手を重ねて敬いを表しますが、インドでは両手を合わせます。インドでは昔から、右手は浄い手、左手は不浄の手と言われています。右手が仏なら、左手は凡夫ということです。ですから古歌にもつぎのように詠われています。

右ほとけ　左凡夫と合わす手の　中にゆかしき南無の一念

わたしたち凡夫が両手を合わせると、煩悩が浄化されて信心の心が自ずと起こるのです。千手観音さまはいくつも手を持っていらっしゃいますが、胸のところにある手は合掌されています。日常生活でわたしたちは千回も万回も手を使いますが、ほとんどが自分のための所作です。させていただくという謙虚な、そして感謝の気持ちがないと次第に身も心も汚れてきます。日々のどんな行為のときも合掌の心を忘れないように、と千手観音さまのお姿はお示しになっているのです。

初めから一心に手を合わせることはなかなかできません。大体、わたしたちが手を合わせるのは、願い事があるときが多いのではないでしょうか。例えば、息子が希望している学校に進学できますようにとか、ご主人が健康になるようにとか、景気が好転しますようにとか、さらには宝くじが当たりますようにとか、表現は悪いのですが、欲がらみの合掌、紐付きの合掌になりがちだと思うのです。一心と言ってもひたすら願うという意味ではなく、無心の、ただただ手を合わせるという意味なのです。

しかし最初は願いがある合掌でも決して悪いことではありません。人はさまざまな縁にふれながら、その人のペースとステップで必ず欲がらみの合掌から一心の合掌に昇華されていくものですから。

わたし自身、三十代は檀家の皆さんが本堂にいらっしゃるときは合掌できるのですが、一人で本堂に入る時は合掌できませんでした。儀礼的にしていただけでした。ところが昭和五十七年インドの仏蹟に行った折、お釈迦さまが初めて説法したサールナートも訪れました。たまたまわたしがお経を引っ張る役をいただきました。「摩訶般若波羅蜜多心経ー」と経題を唱え出したら、突然涙が滂沱《ぼうだ》のごとく流れて止まらないのです。同時に心の奥のほうから「お釈迦さま、申し訳ありません」という思いが込み上げてきました。

その時まではお釈迦さまは偉大な方には違いないけれど、二千五百年の過去の方という思いがわたしの心を強く支配していました。けれどその時、全く別の視点からお釈迦さまのことを考えずにはいられなくなりました。「おまえが今、少しは前向きに生きられるようになったのは誰のおかげか、考えてみたことがあるのか」というわが内なる声でした。

二十代の初め身体が不調になり、人生の目的を見失い悩みました。禅寺に生まれたという因縁もあり、臨済宗の修行道場に入り、林恵鏡という師に導いていただき、よき修行仲間にも恵まれました。禅の教えに出会い、ようやく生きる活力を取り戻すことができました。禅宗の教えはお釈迦さまの悟りから生まれたものです。わたしが人生を生き抜く自信のようなものを得たのは禅の教えがあったからですし、その禅の教えはお釈迦さまの宗教体験があり、わが師にまで教えが伝わり、そのおかげで仏教、禅の教えを学び修めることができたためです。お釈迦さまはわたしの恩人ではありませんか。おこがましいけれど、そう確信できたのです。

そんな真実がわからなかったなんて、なんと愚鈍なことか、なんとこれまでお釈迦さまに不遜な態度であったことか、そう思ったら合掌し懺悔せずにはいられなかったのです。これは「懺悔の合掌」といえないでしょうか。

同時にわたしを再誕してくれた、そのお釈迦さまの恩に感謝せずにいられなくなりましたし、その恩に微力ながら報いたい、布教師として精進するしかないと心境は変化していきました。つまり「感謝の合掌」からさらに「報恩の合掌」へと発展していったのだと思います。

形だけでいい、どんな気持ちでもいい

『法華経』序品に、

「諸人今當に知るべし、合掌して一心に待ちたてまつれ。仏當に法雨を雨らして、道を求める者に充足したもうべし。諸の三乗（衆生を悟りに導く三つの教えを乗り物にたとえたもの）を求むる人若し疑悔《ぎげ》有らば、仏當に為に除断して、尽くして餘りあることなからしめたもうべし」

とあります。

ですから、最初はどんな気持ちで手を合わせてもいいのです。形だけでも行じていれば、さまざまな出会いによって、自分の至らない点に気づき、自己を省みることができるようになります。さらに合掌をことあるごとに繰り返すことによって、自ずと心が落ち着き、

浄化されていくことが実感できるようになるのです。たとえこんなことをやっても意味がないという気持ちで合掌しても必ず真の合掌になっていきます。修行とは間をおくことなく、ともかく続けていくことです。このようなプロセスを経ながら人間的に成長させてもらえるのです。

人によって時間がかかる場合もありますし、サッと真の合掌ができる人もいます。「花は合掌に開いて　春に因らず」と『和漢朗詠集』にあります。春になったらつぼみが開かれ、花が咲きます。しかし人間は時が来ても必ずしも悟りません。しかし合掌という修行を続けていると、因縁熟して必ず心の花、本来の自己に返ることができるのです。マイペースでいいのです。「合掌の修行」をさせていただくしかありません。

めぐりあいのふしぎに
てをあわせよう
そうだ
手を合わせたら
自分が変わる
相手が変わる
家族が変わる

憎む者さえ変わってくる
わたしは毎日
五臓六腑さま　今日も
よろしくお頼みしますと
手を合わせる
病気しないのも
そのためだろう
世界中の人がみんな
手を合わせあったら
争いもなくなってゆくだろう
（「手を合わせる」坂村真民『仏教の生活』三二号仏教書林中山書房）

「この人なかりせば」が感謝の気持ちとなる

合掌するのは、願い事があるときや仏壇のご先祖の恩に感謝する場合が多いと思います。昭和の名僧山本玄峰《げんぽう》老師は、「自分が今日あるのは、この方々のお陰である」と言い、一日何回も、師、養父母、幼い頃からお世話していただいた人々の名前、弟子の母の名前まで唱えられました。「この方たちがなかりせば」と、老師は手を合わせ名前を唱えずにはいられなかったのに違いありません。

人間はよいことでもなかなかできないし、続けられないものです。心で感謝すればいい、というけれど、心は当てにならないもの。いつしか報恩の心など忘れがちになっていきます。やはり合掌という形を取り、行じていくことです。自分一人で生きているという思いあがりも消え、生かされていると身に染みるようになると思うのです。そういう「精進の合掌」もあります。

合掌の所作

この項を終わるにあたり、合掌をする上で心すべきことを述べておきます。「威儀即仏法」と言われた道元禅師を初めとして、禅宗では仏事の所作についていい加減な振舞いをゆるさず、厳しさを修行僧に求めます。所作の基本を守っておかないと、心は必ず乱れるからです。次の三つの項目を心がけてください。

①合掌は上下してはいけない（一部の政治家が票欲しさに、手を合わせてぺこぺこする、あの合掌のことです）。

②手の指先が鼻端という鼻の下の辺りにくる高さが好ましい。口の辺りに下げないこと。

③両腕の脇を卵一つ入るくらいに開けて、手を合わせる。手のひらをぴったり合わせること。

教えと数珠の位置づけ

数珠の起源

じゅずは「数珠」や「珠数」とも書きます。「念珠」と呼ぶのは仏さまや菩薩を礼拝し、その名前を唱えるとき用いるものだからです。

数珠の起源は『仏説木槵子経《もくけんしきょう》』に出てきます。

お釈迦さまが霊鷲山におられたとき、波流離国《はるりこく》に使者が来て教えを請いました。自分の国は弱小国で盗賊は出るし、疫病が蔓延し、国民は甚だしく困窮しています。国王も大変心痛されています。「なんとか仏さまの力で救済する方法を教えていただきたい」とせつと訴えました。お釈迦さまは哀れまれて、「まず木槵子（菩提樹の実。黒くて堅い玉。）の百八の珠を糸でつなぎなさい。常に身につけて、至心に仏さまの名前、お釈迦さまの説かれた教え、法の名前、修行僧たちの名前、すなわち三宝の名前を唱えるのです。唱えながら数珠を一遍し、さらに十遍、二十遍、百遍から百千遍繰り返したら、この世の心の障りは消滅し、将来必ずよいことが起こる。今後とも数珠を念ずること怠らなければ、百八の煩悩がなくなり、悟りを開くことをわたしが保証します」と数珠の威神力がいかに尊いかを諄諄と説かれました。

数珠の種類

数珠のことをインドの梵語ではジャパマーラーといいます。ジャパはつぶやくこと（仏さまの名前を念じることに通じます）、マーラーは花輪の意味です。それがキリスト教に由来してロザリオになったと伝えられています。

数珠の種類は、珠の数（顆数）が千八十、百八、五十四、四十二、二十七、二十一、十四の七種類あるといわれますが、さらに三十六の珠、十八の珠を連ねた数珠もあります。十八の珠の数珠は臨済宗でよく用いられます。江戸時代の学僧、無著道忠禅師の『禅林《ぜんりん》象器箋《しょうきせん》』には次のように述べられています。

「専念宗が三十六珠を用ゆるは、百八を三分するの一なり。携《たずさ》え易《やす》きに便《たよ》りす。近ごろ支那より来たる禅僧が十八珠を用いるは、百八を六分するの一なり。掐《つま》ぐること六遍にして、百八を満ずるのみ」

このように数珠の種類はいろいろありますが、『金剛頂瑜伽念誦経《こんごうちょうゆがねんじゅきょう》』には「一百八を最勝となす」とありますから、数珠の基本形は顆数百八の数珠だと思います。この数は百八

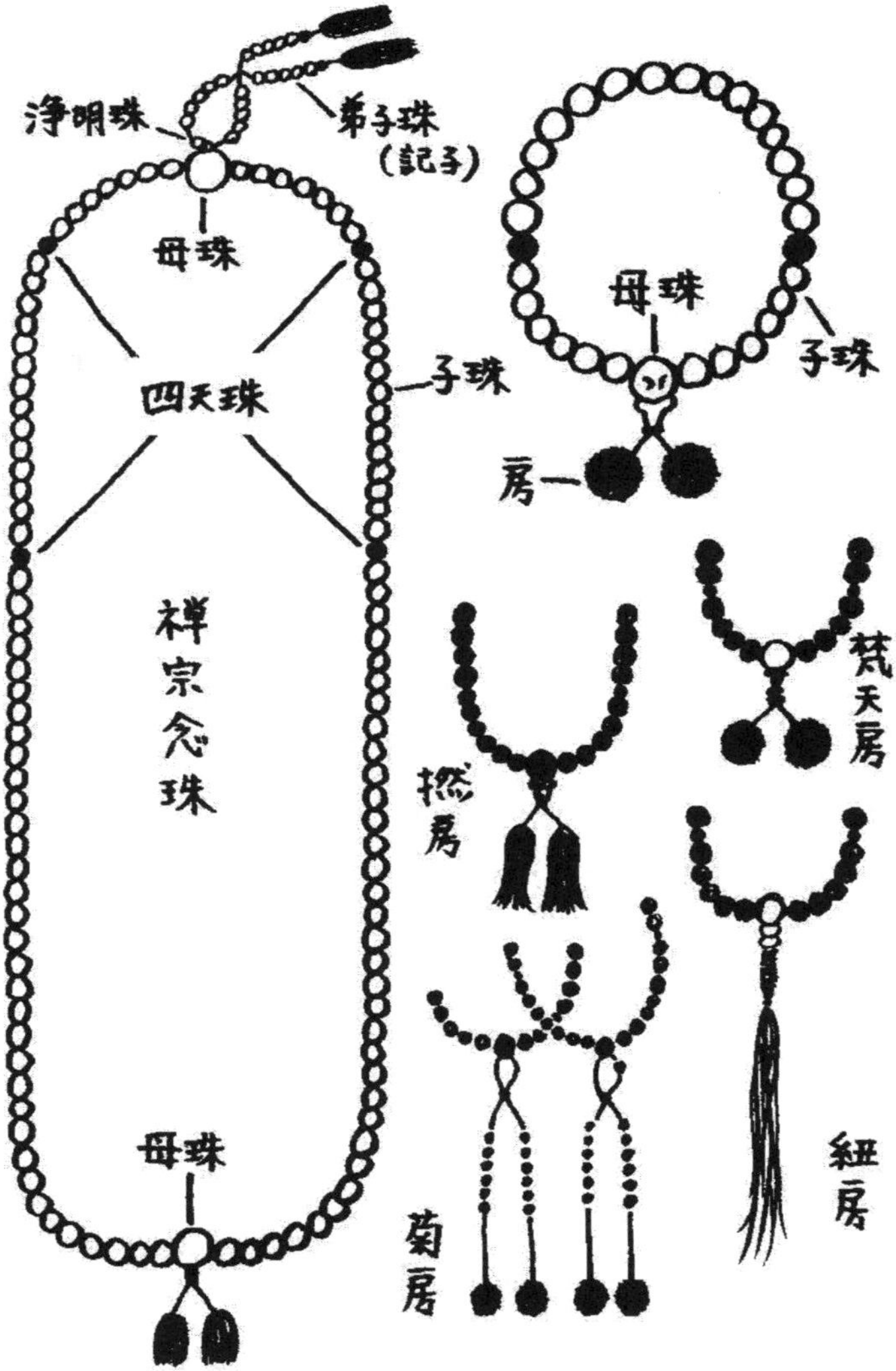
浄明珠
弟子珠
(記子)
母珠
四天珠
子珠
禅宗念珠
母珠
母珠
子珠
房
梵天房
撚房
紐房
菊房

の煩悩を意味するともいわれています。百八顆を連ねた紐が観音菩薩を指します。数珠には百八の顆数より大きな珠が一つありますが、それを母珠（親珠）と呼び、無量寿仏（阿弥陀仏の名号の一つ）を表したもの。百八の珠（子珠）はその一つひとつの珠に仏さまや菩薩の名前がついているといわれています。

また母珠が二つある数珠もあります。元来、母珠は一つですが、百八の珠を二分する必要から加えられたものです。百八の珠の一辺は五十四珠ですが、この数は菩薩の発心から成仏までの修行の段階、五十四位に相当します。つまり珠が磨かれて輝くように、わたしたち凡夫も悟りを完成するための修行の道を表示しているのです。もう一辺の五十四の珠は、自己を完成したら、今後は衆生に慈悲の手を差し伸べるため悟りの位に留まらないで、凡夫の世界に帰る道を意味します。

それでは「数珠の素材」についてふれることにしましょう。さまざまな素材がありますが、菩提樹という木の下でお釈迦さまがお悟りを開かれたので、その因縁から菩提樹の実が最上とされます。お釈迦さまがこの世に出られる前に過去七仏という仏さまがおられたといわれますが、これらの仏さまもそれぞれ異なった木の下で悟りを開かれましたので、その分さまざまな菩提樹があるわけです。金剛菩提樹、星月菩提樹、鳳眼《ほうげん》菩提樹、天竺《てんじく》菩提樹などが知られています。

二輪にして房を上にする

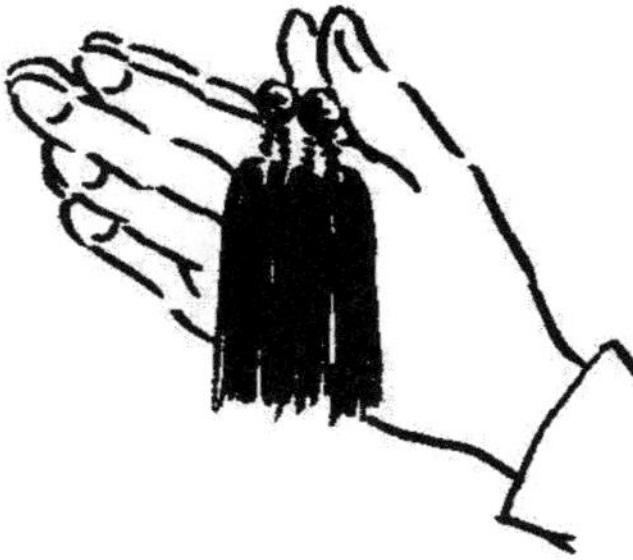

房を上にして持つ

そのほか水晶・香木（沈香《じんこう》・伽羅《きゃら》・白檀《びゃくだん》）・貴石（真珠・琥珀《こはく》・翡翠《ひすい》・孔雀《くじゃく》石・虎眼《とらめ》石・瑪瑙《めのう》・ガーネット・トパーズ等）・木の実などが使われます。

数珠を選ぶとき、どんな素材がふさわしいかの決まりはありません。しかし数珠の意味からもあまり高価なものや、きらびやかなものは避けたいものです。そこに自分は人よりいいものを持っているという高慢な心が生まれやすいからです。

数珠の持ち方と作法

数珠の作法を述べることにしましょう。禅宗では念仏やお題目を唱えませんので、その所作についてあまりこと細かく決まりを言いません。僧侶は法要で、袈裟をつけますが、そのとき左腕の袈裟の上に一輪のままかけます。真前（仏祖のお像の前）にて焼香するときは袈裟の上に一輪のままです。焼香が終わり五体投地の礼拝をする時は二輪にして房は上にして手の甲へたらします。

臨済宗の檀信徒は図のように小さな数珠の時は一輪、長いものは二輪にし左手の親指と人差し指の間にかけて、房は上にして手の甲へたらします。

禅宗における数珠の意味

最後に禅宗においてその教えと数珠とはどういう関係にあるのか、どのような功徳があるのか、述べてみたいと思います。

禅宗では、禅の師は竹篦《しっぺい》（竹の棒）、拄杖《しゅじょう》（杖のこと）、払子《ほっす》（もともと虫を払うもの）といった道具で弟子を導いた例は多いのですが、数珠を用いた例はあまりみられません。しかし唐の時代の禅者、趙州《じょうしゅう》がある長老の数珠を取り上げて、問答をしかけています。

師はある日、数珠を取り上げて、新羅《しらぎ》（朝鮮半島の国名）の長老に尋ねました。「お国にもこれはあるかな」。長老は「あります」と答えます。師は「これと比べてどうだ」と問います。長老は「それと似ていません」と応じます。さらに師は「すでにあるというのに、どうして似ていないのだ」と迫りましたが、長老は無言でした。師が代わって「新羅は新羅、大唐は大唐というではないか」と答えられました。（『趙州録』）

趙州は数珠を取り上げながら、実はわたしたちの本来の自己そのものを問題にして問答をしています。ところが長老はその真意をわからず、数珠のことだと思い込んでいたようです。禅宗の問答はこのように身近なものを用いて、弟子に即座に本来の自己そのものを気づかせようとするのです。ですから臨済宗では、数珠を使い仏さまの名前を唱えるような、仏さまを自己に求めず外に求めることはしません。自己の探求をせず、仏さまに願い事をしているだけなら、本当に生きる上では役立たない、と考えるからです。

禅宗の第一義からはその通りです。だからといって、数珠など禅宗では不要なものだということになりません。山本玄峰老師は口癖のように「磨いたら磨いただけの光あり。性《しょう》根魂《ねだま》でも何の玉でも」と言われたそうです。まだまだ不完全な者は、いや、だからこそ数珠の意味を学び、自己の未熟を忘れず謙虚に本来の自己に目覚めるように心がけ、仏弟子として数珠を常に身につけるべきだと思います。

先に数珠の子珠は仏さまや菩薩を表していると書きましたが、これらの諸仏も、もとはわたしたちと同じ凡夫でした。修行して覚られたのです。すべての人間が仏さまと同じ境地になれるとするのが禅の立場ですから、数珠を持つことは諸仏、諸菩薩という善知識に参じ、ともにあると言えます。そう気づくと、これらの諸仏はわたしたちが修行を成就するように、仏道の良き先輩として見守ってくれているのだ、とわたしは思うようになりました。

何かで迷ったとき、不安なとき、数珠を身につけていると、いつしか心が落ち着いてきます。

よく檀家さんからされる質問があります。「夜、恐ろしい夢を見ます。どうしたらいいのでしょうか」、「寝ている間、突然、金縛りにあうことがあります。何か悪いものが取りついているのでしょうか」などです。わたしはそういう方には「数珠をつけて寝てください」とアドバイスしています。その後、会っても「効果はありません」と言った方は一人もありません。

わたしたちは日々迷いっぱなしです。しかしこれは誰しもが人間的に向上したい、という切なる願いを持っているからです。人は努力するうちは迷います。そんなとき、数珠には人を安心させ、本来内在する根源的な活力を引き起こす功徳もあるのです。常に持つこともよき安心の習慣となります。

日々の懺悔が精進の源となる

反省と懺悔はこんなに違う

「懺悔《さんげ》」の「懺」はインドの古語である梵語「クサマ」の音写です。「悔」はくやむという漢訳。ですから「懺悔」は梵語＋漢語で構成されたことばです。その意味は人に罪の許しを乞うこと。「わたしが犯した罪を耐え忍んでください」と『仏教語大辞典』には書かれています。過ちを犯すと反省しますが、反省だけでは懺悔にならない、ということです。深く悔いるには他者の許しを乞い、その反省を忘れず持ち続けることが大事です。そのためには自分の忍耐が欠かせません。

人は誰でも知らず知らず、またついつい過ちを犯すものです。その直後は「あの人に悪いことをしてしまった」「思ってはいけないことを考えてしまった。恥ずかしい」と、後悔の念が起こり、自分の至らなさが身に染みます。しかし自分の非を追求することは、今まで自覚しなかった自己の恥部をさらけ出すことです。徹底的に自分の汚点を見つめることは相当辛くて苦しい忍耐が求められます。そのため、時間が経つにつれて、「自分だけが悪いわけではない」「誰でもやることじゃないか」と思い返したり、自己弁護したくなるのが人間です。

一人で罪悪感を抱き続けることはなかなかできず、むしろその意識は薄まっていきます。そういう人間の弱さを放置しておくと、過ちを犯しても次第に罪の意識がなくなってしまう。それどころか平気になって過ちを繰り返すようになる恐れさえあります。

未熟な自分を忘れない

自己の非をしっかり見つめ、自分の未熟性を心に抱き追求を続けるのは真の人間性を回復するためです。ですから懺悔はとても大切な宗教的行為です。しかし、懺悔をするのは難しい。そのためにお釈迦さまはそういう人間の弱さを憂いて、自分の犯した罪をご自分や長老の僧の前で告白して裁きを受けるように、「布薩会《ふさつえ》」という儀式と修行を行なわせるようになったのです。

仏弟子たちは、この儀式で自分の罪を告白し、他の修行者に迷惑をかけ、彼らに忍耐を強いたことを謝罪しました。意図的にせよ、無自覚にせよ、他者を害しその分、知らず知らず忍耐させていたからです。つまり他者に忍耐を乞うことになります。

そして告白を聞いた人々も一方的に本人を責めるだけでは不充分です。京大総長をされた平沢興先生は「無知や誤解は人間たる以上は、ある程度まではやむを得ぬことで、実はわれわれも知らぬ間にいろいろ過ちをおかしているのである。それを多く許されて知らぬままに生きておるのであり、それを思うと、われわれもまたできるだけ人の過ちや間違いは許してゆきたいものである」（『世の姿・心の姿』法蔵館）と述べられています。お互いの過ちを認め合い、許し合うとき、人間的に清澄となり、許し認め合う真の和合が生まれるのです。

懺悔の功徳

ある女性がこのような話をしてくれました。この方は小料理屋を経営していましたが、ご主人が重病に冒され病院に入院します。なかなか仕事が忙しく、店からの帰りも遅いので、ご主人の看病が充分にできません。娘さんが「母さんは毎日お酒を飲んで帰ってきて、お父さんの看病から逃げているんじゃないか」と非難しました。この人はただ黙って反論をしませんでした。娘さんが母を責める言葉はどんどんエスカレートしていきました。

ある日の夜中のことです。娘さんがトイレで階下に降りていったら、仏間から押し殺したような独り言が聞こえてきました。何事かと、廊下からふすまの隙間をのぞいてみると、母が仏壇に手を合わせ「お父さん、毎日、病院に行けなくてごめんなさい。看病もろくにできなくてすみません。お父さんも病気に負けないでください」と語りかけていました。

母の真情を目の当たりにした娘さんは、ふすまを開けて母に抱きつき、「母さん、ごめんなさい。母さんの気持ちも知らず逆に苦しめてしまった。許してね」と涙して心から謝りました。この婦人は娘さんの手を握り締めます。今まで耐えてきた涙が堰を切るようにあふれ出てきたそうです。

母は懺悔して娘に許しを乞うつもりなど毛頭ありませんでした。ただただ仏さまに、夫に懺悔したのです。曹洞宗の『修証義』に「浄信一現するとき、自他同じく転ぜらるるなり」と示されていますが、まさに懺悔の功徳ではありませんか。

やましさや悔いをそのままにしない

『懺悔文』という経文があります。「我昔より造りし所の諸《もろもろ》の悪業は、皆無始よりの貪瞋《とんじん》痴《ち》に由《よ》る、身口意《しんくい》（人間の振舞いは、身体の動作と、口頭で話すことと、心で思うことや考えることの三つよりなる）従《よ》り生ずる所なり、一切我れ今皆懺悔したてまつる」とお唱えします。自分の振舞いにやましさや悔いを感じたとき、仏壇の前やお寺の本堂に坐して、『懺悔文』を三度お唱えします。経文の終るごとに一回礼拝しましょう。

もちろんとくに後悔の念を感じられない日も毎日『懺悔文』を読んだほうがいいと思います。私は寝る前、仏壇の前に坐り、亡き子のお経を読みます。その時必ず『懺悔文』を読みますが、そのおかげで気づかなかった自分の過ちを何度気づかせてもらえたかわかりません。ただいつも反省させられるのは、仏壇のお地蔵さまに自分の過ちを語り、終わった後、清清すると、それで「よし」としてしまう、そういういい加減さが起こることです。本当に人間というもの、いやわたしという人間は力がない、と思わないわけにはいきません。そんな時にはもう一度『懺悔文』を読むしかありません。

死のうと思う日はないが
生きてゆく力がなくなることがある
そんなとき大乗寺を訪ね
わたしはひとり
仏陀の前に坐ってくる
力わき明日を思う心が
出てくるまで坐ってくる

（「詩を書く心」坂村真民『生きてゆく力がなくなる時』伯樹社）

自分のいい加減さにあきれながらも懺悔した後は、明日はもっと精進しようと誓いたくなります。

第四章　臨済宗の暮らし方と作法

仏壇の意味とまつり方

仏壇は小型の寺である

仏壇とは何でしょうか。ご先祖のお位牌をまつるところと考えている方が多いようです。間違いではありませんが、それだけでは充分ではありません。

仏壇を見ると、中にいくつか段があることに気づくでしょう。この段は壇（須弥壇《しゅみだん》）といいます。須弥壇は寺院の本堂やお堂の正面にも据えられていて、本尊さまや他の諸仏諸菩薩を安置されている壇と同じものです。つまり壇は本来仏さまをおまつりする斎場のことです。

須弥壇は、仏教の宇宙観でその中心をなす巨大な山である須弥山を象徴したもので、帝《たい》釈天《しゃくてん》の宮殿があるとされます。古代インドでは帝釈天は諸天の帝王として、その威徳が崇められていましたが、人天《にんでん》（人間界と天上界）の法王であるお釈迦さまもそれになぞらえられ、そのお徳を示すために須弥山を象徴する須弥壇の上におまつりするようになったのです。

わが国の仏壇の初めだと思われる有名な法隆寺の玉虫厨子《たまむしのずし》は、やはり寺院をかたどったもので、壇を設けて仏さまを安置した金堂を小型にしたものではないかと考えられます。人々が日々家庭で、仏さまをおまつりし礼拝しご供養することを望んでも、寺院のような大きな壇は無理です。そこで移動できる厨子のようなものか、小型の戸棚形式のものに工夫されていったのでしょう。

歴史上は、天武天皇の在位十四年目（六八五年）三月二十七日に詔《みことのり》で、「諸国に家毎《ごと》に仏舎を造り乃ち仏像および経を置き、以て礼拝供養せよ」（『日本書紀』）とされたことが、仏壇が広まる大きな力となりました。仏舎とは家庭の仏壇を意味するものと思われます。従って仏壇は家庭で仏さまをまつることからはじまり、さらに主に儒教の影響を受けて先祖のお位牌も供養するになった、と考えられます。

仏壇は自己を磨くためのもの

では仏壇を日々の生活にどのように活かしたらよいのでしょうか。仏壇の意味からまず二つのことが明白です。仏壇には本尊さま（寺院の中心に安置された仏・菩薩のこと）がまつられています。寺院は心の修行の場ですから、家庭の仏壇も心の中心として自己を見つめ磨く、あるいは日々懺悔し仏道を実践する場であることです。もう一つはご先祖の報恩です。安置されているご先祖のお位牌を日々どう供養させていただくかです。

大燈国師の『仮名法語』を見ると次のような話が出てきます。ある方が達磨大師に「お寺を建て、本堂を安置し焼香礼拝することは（禅の）本来の仏道修行といえるでしょうか」と尋ねました。すると大師は「すべての衆生は（禅の）微妙な教えをすぐに悟ることはとても難しい。だから伽藍を作り、仏像を建立し、因縁を結んでもらう。やがては真の伽藍に到達し、真仏を悟ることは間違いのないことだ」と答えています。大師はさらに続けて親切ていねいに説かれます。

「真実の伽藍《がらん》とは、汝が三毒（貪《とん》・瞋《じん》・痴《ち》）の不浄の念を除き、六根を清め、身心湛然《たんねん》として内外清浄なるを、真実の伽藍御殿とは申すなり。さて伽藍の本尊とは、心仏の明にして顕れ給ふを真仏といふなり。唯妄念の不浄を拭へば真仏顕れ出るなり。是れを伽藍作り、真仏の形を建立する人といふなり」

お寺の伽藍を家の仏壇に、お寺の本尊さまを仏壇の本尊に置き換えたら、仏壇は自己を磨く道場であることがよく理解できると思います。

仏壇の前に坐ることが大切

仏壇の安置されている部屋は他の部屋と異なって、やはり厳粛な気持ちになります。毎日、朝起きて洗顔した後や夜寝る前などの落ち着いた時間を持つことができる時を選んで仏壇の前に坐りましょう。実業家土光敏夫氏も朝晩読経を欠かさなかったそうです。「日々のお勤めをすると、迷う心が落ち着き、心が清清して仕事に向かう勇気が生まれる」と、真摯に語られていたことが印象的でした。家庭に自分にとっての「聖なる時と場」はとても大切なのです。

仏壇の正面に坐して、線香を上げ合掌し礼拝をします。そしてお経を読んでもいいし、姿勢を正して五分でも十分でも坐禅あるいは正座（足の悪い人は椅子でも）をします。一人でもいいし、家族で一緒に勤めるのもいいでしょう。

また特別に時間を決めなくても、随時、仏壇に手を合わせ、仏さまと心を通わすように勤めましょう。今は核家族になって、お年寄りと同居する家庭も少なくなりましたが、昔はよくお孫さんを膝の上に座らせ仏壇の前で、「のんのんさまが見ているよ」「嘘を言ったり、悪いことをすると罰が当たるよ」とお年寄りが話して聞かせたものです。わたしも祖母の膝が忘れられない思い出の一つです。そしてこの幼いときの体験が是非のものさしの萌芽となったことは間違いありません。日々の生活と仏壇がごく自然にかかわっていたのです。仏壇があれば核家族にあってもご先祖との心の交流は日々可能です。

家庭に仏壇があったほうがいい理由

臨済宗東福寺派の管長を勤められた安田天山老師は、人生で自己を見失いそうになったとき、仏壇のおかげで救われたおひとりです。老師は縁あって、中学生のとき京都東福寺の山内の善慧院にお世話になりました。この寺は当時貧乏で、口さがない人は「銭《ぜに》ねー院」と言ったくらいです。

ある日、老師が学校から帰ったら、玄関で寺の奥さんが立っていました。いきなり「あんたがお金を盗んだんでしょう」と怒られます。なんのことかわからず聞けば、虚無僧が送ってきた為替がなくなっていて、老師の部屋を掃除していたら同じ金額の金が見つかったというのです。老師は「そのお金は京都に出るとき、何か困ったら使うようにと郷里の父がくれた金です」といくら説明をしても奥さんは全く信じてくれません。

部屋に帰った老師は悔し涙が溢れ出て止まりません。涙が枯れ果てたとき、「どうせ疑うなら、寺の金を盗んで困らせてやれ」という怒りの思いがむらむらと起きて、抑えきれなくなりました。

そのときのことです。老師はふっと祖母が幼少の頃、仏壇の前で「仏さまはいつもちゃんと見てくださっているでな」と念仏のように口にしていたことを思い出します。「そうだ、本堂に行こう」と思い、本堂に入って、本尊さまの前に坐してお顔を見上げ手を合わせました。どのくらい坐っていたのでしょうか。ふっと「盗みをしたら、祖母や両親を悲しませる。いつか奥さんもわかってくれる時がくる」と思いとどまったのでした。おそらく怒りでカッカし身を焦がした心身の熱気が、仏さまの前に坐すことで自ずと下がっていったのだと思います。

明くる日、重い足取りで学校から帰ると、玄関に奥さんが待っていました。また叱責されると思ったら、奥さんは土間に降りるやいなや土下座して、「ごめんな。あの金はあった。わたしの間違いだった」と涙ながら許しを乞うのでした。それから奥さんの態度はがらりと変わり、とうとう大学まで出してくれたそうです。

老師は「あの時、祖母の教えがなかったら、わたしの人生は全く異なったものになっていたであろう。誰の人生にも岐路があって、その時何をよりどころにするかで人生が地獄にもなるし極楽にもなるのだ。それを考えると本当にありがたかった」と述懐されています。

善悪のものさしは青年期になって知識として理解するよりも、幼児の頃に日々の生活の中で繰り返し身に薫習されるのが好ましいのです。その意味で今の家庭にこそ仏壇は大切な役割を果たしてくれるはずです。少年院に勤めていた僧侶が「ここにいる子どもたちの大半の家庭に仏壇がありません」と話してくれたことを覚えています。家庭に仏壇がある部屋、「聖なる場所」を設けることは、子どもの情操を育むために欠かせません。

供養は「いますが如くす」

仏壇にはお位牌が安置してあります。このご先祖があればこそ今のあなたがいるのです。そのことは絶対的な事実です。その恩に報いるために日々ご供養しましょう。

中国人はとても先祖を尊ぶ民族でした。お位牌も中国で始まります。『論語』には「神を祭ること、神在《いま》すが如くす」（八佾《はちいつ》）という言葉があります。あたかも神様がここにいらっしゃるような気持ちで誠を尽くせ、という意味でしょう。神を仏さまでもいいし、ご先祖でもいい、置き換えてみてください。これこそご先祖を供養する心ではないでしょうか。

わたしはこの「在すが如くす」ということばには忘れがたき思い出があります。修行時代のこと。師である林恵鏡老師のお付の役、隠侍《いんじ》をさせていただきました。老師のお徳を慕って、全国からさまざまなお客さんが会いに来られる。お土産を持って来られます。滅多に雲水（修行僧）にはおろすことはありませんでしたが、たまに「これを持っていきなさい」とお許しが出ることがありました。雲水はしょっちゅう腹を空かせていましたから、お下がりをいただけたら、雲水に分配するという役を果たすことが暗黙のうちに隠侍に期待されていました。

ある日、お客さんが来られ、わたしの大好物の菓子を床の間に置きました。なんとか老師がこれを雲水におろしてくれたら、「よくやった」と自分の格も上がると思って、こんな質問をしてしまったのです。

「老師、このお菓子を本堂の須弥壇にどのくらいお供えしておいたらよいのでしょうか」

老師はわたしの魂胆などとうに察せられ、「おまえさんは『論語』の『在すが如くす』

ということばを知っているか」と、逆に質問されてしまいました。「どういう意味ですか」と聞きますと、師はその意味を説明してくれました。それは、神仏がここにいらっしゃる心で供養しなさい、ということでした。ここで引き下がればよかったのですが、「では何分、お供えしておいたらよいのでしょうか」とさらに愚問を重ねてしまいました。それには老師は答えられず、お菓子作戦は失敗しました。

わたしは長男を亡くしましたが、そのとき妻はほんとうに落胆しました。このことばを妻に教え、わが子のお位牌に「わが子が在すが如く給仕をするように」と話しました。亡くなった子にはもはやミルクを飲ませられないし看病もできません。そうなったら、亡き子が生きているときと同じ気持ちで仏壇にふれあうしかないのです。妻は、朝は水を供えお線香を立てます。そしてミルクを供えました。食がとても細かった亡き子が最後に食べてくれた京都の御池せんべいを、しばらくしてお茶を……このようにきちんと給仕してくれました。そうしているうちに少しずつ妻の気持ちが癒されていったようです。ことばのなぐさめより癒す力があったと思うのです。妻の抱ききれない悲しみを仏さまは預かってくれたのです。供養の積み重ねは心を癒す働きがあるのですね。わたしは師にただただ感謝しました。

お勤めの順序と心構え

お焼香の仕方と回数

お経を読む前や亡き人の供養に焼香をするとき、禅宗では右手の親指、人差し指、中指で香をつまみ、香炉の火の上にくべます。つまんだとき、口よりも高いところまで一度掲げます。仏さまに、ご先祖に敬虔な気持ちを捧げます。

焼香の回数には、本来決まりはありません。臨済宗でも同様です。本来、心の修行の観点から考えるものです。わたしは師匠林恵鏡老師の教えを実践しています。

老師はよく「香風よく邪気を払う」と色紙に書されました。良き香りが邪《よこしま》な気持ちを払ってくれる。悟りを開いた方にふれると心が洗われる、という意味でしょうか。わたしはこれを焼香の説明に利用させてもらっています。

焼香し香を炊くと、その良き香りで自分の心の汚れが清められます。それだけではなくお堂や部屋の隅々まで香りが平等に行き渡り、他の方々をも浄化してくれるのです。まさに仏さまの差別のない慈悲の心に通じます。

法事のように参列した人数がそれほど多くないときは、三回焼香することを勧めています。心の汚れを三毒と考えるからです。貪欲の心を清めるのにまず一回焼香。瞋恚《しんに》（腹立ち）の心に一回、愚痴の心に一回焼香します。しかしお葬式のように焼香する人が多いようなときは、一回で結構です。

また、一般の家庭ではお線香を立てますが、これも何本立てなくてはいけない決まりなどありません。一本でよいと思います。ただ先人から「二本立てなさい。一本は仏さま。もう一本はご先祖に」と教えられている方もいます。それでも結構です。

お経を読むときの心構え

お勤めには必ずお経を読みますが、読むときの心構えをまず申し上げたいと思います。お経を読むことを禅では「看経《かんきん》」といいます。世界的禅学者鈴木大拙によれば、本来、看経とは二重の機能があるとして、一つは禅宗の開祖の思想にふれるためと、もう一つは精神的功徳を得るためだと教えていました。

前者は経典の研究です。後者は経典の意味を知的に理解することよりもお経を一心に読むことそのものに功徳があるとします。どのような功徳があるのかというと、大拙博士は「看経は、よしその十分な意味が解せられなくとも、読む人の心を世事と利己心より疎《うと》んぜしめる。消極的とはいえ、これによって得られた功徳は、心を導いて一切智の証得に至らしめる傾向を生ずる」（『禅堂の修行と生活』春秋社）と書かれています。

つまり経典を懸命に読むうちに、いつしか自分を忘れていく。自分がお経か、お経が自分かという境地までいくと、その自己を忘れた没我の境涯は清浄で、本来の自己に目覚めたときの境地そのものではないけれど、近づいていることは間違いない、とまで言われました。わたしは良寛さんの読経のことを思い出します。

「師《し》音《おん》吐《と》朗暢《ろうちょう》、読経ノ声心耳《しんじ》ニ徹ス。聞者《きくもの》自《おのずか》ラ信ヲ起ス」（『良寛禅師奇話』第七段）と解良《けら》栄重《よししげ》は感動的に記しています。良寛さんのお経を読む声を聞くと、聞く者は思わず襟を正さずにはいられなかったのです。それどころか良寛さんを尊敬していた栄重の信心は喚起され、その声が身体全身に染み込んでいく。良寛さんの読経には全く邪念がなかったのに違いありません。心の底からふれあう人々の幸せを祈り、長い修行の薫習、悟境から自ずと生まれてきたものだと思うのです。

わたしたちは初めから良寛さんのようにお経が読めません。お経を読んでも、つっかえつっかえだし、雑念も起こります。それでいいのです。繰り返し読むうちに、少しずつ読めるようになります。ただ、お経には読みくせがあります。経典に記されている句読点は読経のときには関係がなくなるところもあるからです。お経は昔から耳で覚えると言いますから、菩提寺の和尚さんに習うのが一番です。

お経を読むのに最適な場所は仏壇の前です。仏壇がまだないのなら家の中でも静かな部屋を選んで、そこを「心の仏壇」としましょう。ここでは仏壇があることを前提に話を進めていきますが、ない方は仏さまの写真か絵と鈴、香炉と線香は用意してください。信は形や所作から生まれます。気持ちさえしっかりしていればいい、というのは誤りです。初めはいいのですが、慣れてくると緊張感が次第になくなり、物事の扱いがぞんざいになりやすいからです。

お勤めの順序

それではお勤めに入ります。（133頁仏壇のイラスト参照）

①お灯明（灯籠とろうそく）をつけます。

②お線香をあげます。

③仏壇の前に身を正し、正坐します。しばらく身体と心を落ちつけましょう。そして合掌し礼拝します。身と心が乱れていたら、お経を読んでも集中できませんし、お経と一つになれません。お経と自己がばらばらだと、身と心は浄化できません。お経の一字一字を丁寧に読むよう心がけることです。間違えたら、もう一度最初にもどればいいのです。

④鈴、あるいは小磬《しょうけい》を三打します。

⑤経本を開きます。

お経を読む順序を述べます。ただし、こうでなくてはいけないというものではありません。そのときの時間などを考慮して工夫することです。

❶開経偈《かいきょうげ》❷懺悔文《さんげもん》❸三帰戒《さんきかい》❹般若心経《はんにゃしんぎょう》❺本尊回向《ほんぞんえこう》❻観音経《かんのんきょう》普門品偈《ふほんぼんげ》（世尊偈《せそんげ》）
❼大悲呪《だいひしゅう》❽先祖回向《せんぞえこう》❾四弘誓願文《しぐせいがんもん》あるいは普回向《ふえこう》

⑥最後に今一度、合掌し礼拝しましょう。すぐに立たないでゆっくり立ちあがりましょう。集中したときにたくわえられた定力（身心の落ち着き）が分散してしまいます。

毎回読むべきお経は、開経偈・懺悔文・三帰戒

時間があるときは先の順序が好ましいと思います。お勤めをするにあたり、まず『開経偈』を読みます。人生の真理が説かれたお経に出会えたことを深く感謝し、仏さまの御心をなんとしても会得しよう、という内容です。この経文を必ずお勤めの最初に唱えて、読むたびにその誓願を新たにしましょう。

そして『懺悔文』。誰しもが知らず知らず犯す過ちを仏前にて懺悔します。次に『三帰戒』を読みます。仏教徒として仏・法・僧の三宝に帰依するのです。お勤めのとき、いきなり『般若心経』を読むのもいいのですが、やはり仏教徒として自覚を深めるためにも毎回、❶と❷と❸のお経は読むべきです。修行は繰り返し繰り返し行じることによって少しずつ身につくことを忘れてはいけません。次第に信心が喚起され、深まっていくからです。

般若心経の意味

その後『般若心経』を読みます。

わたしたちは日常生活に追われているうちにいつしか、本来の自己が得手勝手な思いに振り回され、物事がありのままに見えなくなってしまいます。そうなると迷ったり、判断を誤ったり、人を害したりしてしまいます。もちろん本来の自己はどんなことがあっても決して汚染されることなどないのですが、自在に働かなくなります。

こんな日々を重ねていたら、心が乱れたり、貧しくなってきます。一回切りの命を活かしきれません。般若の智慧に目覚めることによって、本来の自己に回帰できるように説かれたのがこのお経です。よく「三人寄れば文珠の智慧」と言いますが、人間は一人では主観的になって物事をありのままに把握することは難しい。二人だと意見が対立してしまう。三人ならお互いの我見が浄化されて、客観的な見方ができる可能性が高いのですが、実はこれでも般若の智慧とは言えません。自我的な自分を一度空じる、なくさないと、何人集まっても自分の立場から離れられないのが人間ですから。般若という智慧が普通に使っている知恵と異なることがよく理解できると思います。

このお経を読むのは、お勤めにおいて禅がもっとも強調する、本来の自己を悟ることをしっかり意味づけしてくれることと、身も心も清浄にしてこのお勤めの席に本尊さまをお招きして法坐を設け、本尊回向を唱えるためだということがわかります。

本尊回向のポイント

またお勤めのお経を読むとき、続けて回向というものを誦します(回向については後で説明することにします)。例えば本尊さまの読経をした後、「本尊回向」を誦しますが、そのなかに供養の意味が明示されています。本尊さまとは、その寺院においてもっとも本堂の中心に祀られている仏さまや菩薩さまのことをいいます。

臨済宗の本尊回向では四つのポイントが挙げられています。

①本尊さまのお悟りのお徳をたたえること。
②親の恩、衆生への恩(すべての人への恩)に感謝すること。
③ふれあう人々への力になること。
④あらゆるものとともに、御仏と同じ智慧を完成できるように誓うこと。

回向には、供養は本当の自己に目覚めることと、報恩の心がとても大切だと、臨済宗の教えが込められていることがわかります。

供養の仕方と癒しの力

供養のお経――観音経の世尊偈

こうして本尊さまのご回向が終わると、その先はご先祖の供養になります。基本的には『観音経』か、その「世尊偈」を読んでください。この経典は経中の王といわれる『法華経』の第二十五番目にあります。

『観音経』の読経の功徳はどこにあるのでしょうか。観音さまという菩薩は、智慧、とくに慈悲によって、迷える衆生の苦しみや災難を除き、安らぎを与えてくれます。観音さまの広大無辺な働きが際立っていて、しかも他の経典に比べて具体的に理解しやすく説かれているので、今日まで多くの人々を引きつけてきたのです。

善男子《ぜんなんし》よ、もし無量の百千億万の衆生ありて、もろもろの苦悩を受けんに、この観世音菩薩を聞いて、一心に名を称すれば、観世音菩薩は即時にその音声《おんじょう》を観じて、みな解脱《げだつ》（煩悩を脱して自由になること）を得せしめん。

観音さまがわたしたちにいかに身近な菩薩か、わかると思います。言うまでもなく、禅の立場からは、わたしたち自身が観音さまであることを自覚し、人々の苦しみや悲しみと一つになり、共生きの人生を生きることこそが観音の功徳とされます。ただわたしたちがご先祖の供養をするために『観音経』を読むのは、禅の第一義底からというだけではありません。亡き人を思う真情を忘れてはいけないからです。その真情には二つあります。

苦しみからの救済

かけがえのない人に先立たれた遺族にとっては、あの世があるかないかわからないが、亡き人がもし地獄のような苦しみの世界で一人苦しんでいたら、なんとしてもそれから救済してやりたい、そう思うのが正直な気持ちではないでしょうか。いくらそんな気持ちは迷信だ、妄想だと言われようが、です。残された者は亡き人にもう何もしてやることはできません。観音さまの広大無辺な慈悲にすがりたくなります。『観音経』には「さまざまな悪い世界、地獄、餓鬼、畜生さらに誕生、老衰、病、そして死の苦しみは観音さまを念ずれば次第に消えていきます」とあります。ですから『観音経』を読んで、その功徳によって亡き人を苦しみから救済してほしいと念じて、この経典を読むようになったのです。

もう一つは亡き人の残された者への愛情を感じ、亡き人に観音さまを見出し感謝の念から読まずにいられなくなるという真情から読むのです。亡き人が逝かれた後、仏壇に手を合わせます。悲しみの中、もっともっと故人にしてあげればよかった、と後悔に負けそうになります。「なぜ自分をおいて先に逝ってしまったの」とお位牌に愚痴も悲しみも語らずにはいられません。どんなつまらない愚痴も観音さまなら聞いてくださる、という残されたものの願い。ことあるごとに仏壇に話しかけるようになってきます。最初はまだまだ悶々とした日々を重ねるしかありません。この日々は決して無駄ではありません。次第に、少しずつ落ち着き、亡き人の声が聞こえてきます。「泣いてくれるのはうれしいけれど、あなたの人生も大事にして」「これからあなたが迷うことがあるとき、ちゃんと私が見守っているから安心して」と。そういう日々を重ねていくうちに、次第に心が癒されて生きる光を見出せるようになるのです。

私自身、長男を亡くしました。彼が亡くなって、四十余年の歳月があっという間に走り去りました。これまでいろいろ思い悩んだときは、亡き子のお位牌の前に坐しました。亡き子の墓の前に立ちました。

あるとき「おとうさん、今日は納得できる一日でしたか」と聞こえてきたのです。亡き子がどれほどわたしの道筋を照らしてくれたか、わかりません。亡き子の前に坐すと、自然に素直な心に返っています。だから、亡き子の声も聞こえてきたのです。しみじみと「これこそ遺された者への深い愛情なんだ」と思うようになりました。

家族を失われた方も時間はかかりますが、必ずそういう心境にさせてもらう時がきます。そういう心境になれたとき、亡き人の愛情を深く感じ入り、『観音経』を読んでは感謝せずにはいられなくなります。

たらちねの母がなりたる母星の子を思ふ光我を照らせり　（正岡子規）

『観音経』を読んだ後、『大悲呪』を読みます。『大悲呪』というお経は正式には『千《せん》手《じゅ》千《せん》眼《げん》観《かん》自《じ》在《ざい》菩《ぼ》薩《さつ》広《こう》大《だい》円《えん》満《まん》無《む》礙《げ》大《だい》悲《ひ》心《しん》陀《だ》羅《ら》尼《に》』といいます。とても長い経題です。三宝に帰依し、千手観音さまの広大円満なる慈悲心が説かれたお経で、禅宗では最も読まれるものです。このお経がご先祖の回向で読まれるようになった理由はほぼ『観音経』と同じです。

「回向」の意味

忘れはならない心構え

そして次に「先祖回向」を読みます。回向とは梵語（インドの古語）で、パリナーマナといい、功徳を巡らし差し向けることを意味します。つまり自分が積んだ善根の功徳を他に巡らし向けることです。「先祖回向」は故人の追善法要を営み、その功徳を故人の菩提（さとり）にふり向けるよう唱えます。

回向について説明をしておきましょう。

およそ仏教はすべての宗派において、自分が蒔いた種はよくもわるくも自分が刈り取るという自己責任が基本になっています。しかし大乗仏教において、自分がなした善行の果報である幸福や長寿は自分自身が受けるだけでなく、今や善行を積むことができない亡き人の救済、成仏に向け、さらに一切衆生の幸福まで拡大するという回向の思想が生まれてきました。人は亡くなると生前の行いによって、六道に輪廻すると考えられましたから、遺族は死者が悪道に堕ちることを望まなかったという思いが反映してきたと思います。

この回向の考え方には忘れてはならない条件があります。いかなる善行も一切智、般若の智慧によって回向されて初めて他者の成仏と幸福を可能とする働きに変わるということです。つまり法要を勤めたとき、その善行の功徳を自分のご先祖のためとと考えたり、自分たちの幸福だけに向けられることを期待する気持ちも捨てなくてはなりません。そういう思いは多くの人の幸福をモットーとする大乗の回向の教えに反するからです。

この「先祖回向」を読んだ後、法要の終わりにお唱えするのは、『四弘誓願文』あるいは「普回向」です。後者の文言には、「願わくは此の功徳を以て、普く一切に及ぼし、我等と衆生と皆共に、仏道を成ぜんことを」とあります。どこまでも謙虚な気持ちで仏道を学び、修行して、人々とともに悟りを完成しよう、そしてお経を読んだ功徳を家族以外の人々の救済や幸せに向けられるように、お勤めの最後に必ず誓うのです。自分だけ、家族だけというのでは大乗仏教の教えに反します。

お勤めを終えるにあたり、最後に合掌して、鐘を三打し礼拝をして終わります。その後、しばらく正座か坐禅をされるといいでしょう。すぐに立ってしまうと、せっかく身と心が一つになった浄力（自己を清める力）と定力（心身の落ち着き）が消えてしまうからです。

＊注　大乗仏教

釈尊の亡き後、自己一身の修道を中心とする「部派仏教」を「小乗」と軽んじ、衆生が救われることこそ本来の仏教と考えた人々は自分たちの教えを「大乗」と称した。しかし今日では小乗を「南伝仏教」大乗を「北伝仏教」と呼ぶ。

仏壇Q&A

①本尊さまはどの仏さまがよいのでしょうか。

臨済宗ではとくに決められた本尊さまはありません。臨済宗はお釈迦さまのお悟りの体験をわたしたち誰もが体験できることを宗旨としていますから、本尊はお釈迦さまがよいでしょう。もしあなたの家に因縁のある仏さまや菩薩さまがあるのなら、その仏さまか菩薩さまをおまつりしましょう。また新たに本尊さまをもとめられたときは必ず菩提寺のご住職に相談し、お願いして開眼供養をお勤めください。

②仏壇を納める場所はどのように決めたらよいのでしょうか。

いろいろな説があるようですが、主なものは三つあります。

南面北座説――仏壇を南に向け、北を背にして安置することを勧める説。仏壇は直接日光に当たらず、南からの風通しもよいので、仏壇の保存の観点からとても好ましい。

本山中心説――仏壇の前で合掌したとき、その延長線上に本山と結ばれるように安置するように勧める説。信心を深めるにはとてもよいと思います。

西方浄土説《さいほう》――仏壇を東向きに安置すれば、いつも西を拝むことになります。西方浄土を重んじる考え方です。

三説はそれぞれ意味があるのですが、住居の位置や構造によってはそれに応じられない場合もあります。それよりも身も心も落ち着いてご供養できることが第一条件だと思います。また、日々の生活でおまいりし難い場所も好ましくありません。

③仏壇のまつり方に決められた形がありますか。

これでなくてはいけないという様式はありません。また仏壇の大きさで自ずとまつり方も変わってきます。ここでは壇が三段ある仏壇をもとに一般的なものを述べます。

イ、最上段の中央に本尊さまをおまつりします。その右側に初祖達磨大師、あるいは本山ご開山さま、または菩提寺の開山さまのお像か御影を安置します。ご本山では三尊仏といって、お釈迦さま・ご開山さま・開基さま（寺院を開くときにその元になる土地や財産を寄進した人）の画軸を勧めているところもあります。この画軸をかけてもいいのです。仏壇を新たに購入されるときには、まず菩提寺のご住職にアドバイスをうけましょう。

ロ、最上段の左にはご先祖のお位牌をおまつりしましょう。命日に当たるご先祖のお位牌は中央に供えます。また過去帳（見台にのせ、毎日その日にあたるページを開いておきます）や繰り出し位牌の場合は次の下壇の中央におまつりします。

ハ、次の壇には左右に高杯《たかつき》を配置して、菓子と果物をそれぞれお供えしましょう。中央には仏餉器《ぶっしょうき》（仏飯器）とその左右に茶器《ちゃき》と湯器《とうき》を置きます。

ニ、一番下の壇には燭台・香炉・花立て（花瓶のこと）の三具足を置きます。中央に香炉、燭台が右、花立ては左に置きます。燭台と花立てが一対になる五具足を供える場合もあります。その場合、燭台は内側に一対、花立てはその外側に一対置きます。香炉が二つある場合、一つは本尊さまの前に安置します。

ホ、仏壇の前に経机を置きます。右に鈴《りん》を置き、線香立てとマッチ（燃え滓を入れる物も置きます）・お経・数珠を置きましょう。木魚があれば、右側に配置しましょう。

④先祖のお位牌をおまつりする上で必要なことを教えてください。

お位牌は一霊に一つですが、夫婦は二霊記をしておまつりしてもいいでしょう。またお位牌が多くなったときは、繰り出し位牌にしてもよいです。さらに五十回忌を過ぎたご先祖は整理して先祖代々のお位牌にまとめるか、過去帳に書きこむ方法もあります。その結

一例

果、まつらないお位牌は菩提寺で魂抜きのお経を読んでもらい、預かってもらいましょう。お位牌には戒名・法号が記載されています。戒名と法号については163頁で述べます。

⑤三具足あるいは五具足のまつり方と心について教えてください。

燭台……ろうそくを立てます。

ろうそくは煩悩によって覆い隠された本来の自己を照らし出す仏さまの智慧を象徴しています。お釈迦さまは八十歳で亡くなられますが、日に日に弱られていくお釈迦さまに阿難は意を決して「あなたの亡き後、何をよりどころに生きたらよいのでしょうか」と尋ねます。そのときにお釈迦さまは「自らを灯火《ともしび》とせよ。法を灯火とせよ」と示されたといいます。この灯火は本来の自己のことです。

またろうそくは、わが身を燃やして周囲を明るくします。わたしたちも智慧の明かりで自分の人生だけを照らすのではなく、ふれあう人の心にも灯すようにという、慈悲と布施の心を学びたいものです。

香炉……線香や抹香を焚くための道具です。三足のものは足の一本が手前にくるように置きましょう。

花瓶（花立て）……花を供えます。先に述べたように、三具足のときは向かって左側に置きます。従って燭台は右側になります。

花は生花を供えるのが一番です。お供えする花に決まりはありませんが、仏性を象徴しているのですから、においが強かったりとげがあるものは避けたほうがよいでしょう。色花やきらびやかな花はよくないと言われますが、気にしなくてもよいと思います。

またしきみをお供えするところもあります。しきみはモクレン科常緑小高木で、黄白色の花をつけます。日保ちがして活き活きしていて、あたりに香気を匂わせるので仏前にふさわしいと感じられ、供えられるようになったのでしょう。

いずれにしても生花を仏前に供えるということは、花は根から切り離されたのですから、限られたいのちをさらに短縮していることになります。それでも花は精一杯咲き、時間がきたら潔くサラリと散ります。花は、一瞬一瞬後悔しないように清々と生きています。わたしたちも無常とひとつになって生を全うする心を感応したいものです。したがって花はいつも生気のある花をお供えしていただきたいのです。もしお家に庭があるなら、できるだけ四季に咲く花を普段から育てておきたいものです。

⑥日常の供養の仕方を教えてください。

花を絶やさず、毎日、灯籠をつけ、ご飯（仏餉器に入れます。ご飯を炊いたとき、一番先にとって入れましょう。量はそんなに多くいりません)、お茶とお湯をお供えしましょう。そしてろうそくをつけ、線香を立てます。

ご飯は固くなりますから、午前中くらいで下げて結構です。炊飯器に戻すか、庭に皿を置いて鳥にやるのもいいことです。お湯も流しに捨てずに植木鉢や草木の根に撒いてやりましょう。可能な限りすべてのものを生かし切ることが仏道です。

基本はこのように供養すればいいと思います。しかし亡き人がコーヒーが好きであったら、時にはコーヒーを、お酒がお好きだったら、生きておられた頃の晩酌のつもりで夕食にお酒を供えてもいいと思います。

⑦先祖の命日に当たる日にどう供養したらよいのでしょうか。

日々の供養のほかに、お膳をお供えします。ご霊膳《れいぜん》といいます。必ず精進料理にします。図のように、お箸を置いたほうを仏さまに向けましょう。向かって右にご飯を、左は味噌汁を供えます。ご飯の前は三種類か五種類の煮物(野菜や椎茸・高野豆腐・油揚げなどで作る)、味噌汁の前は煮物です。中央の器にあえ物や胡麻豆腐などを入れます。

お膳を供えるとき、箸を置いてあるほうを仏さまに向けます。そしてお膳の右側にご飯と煮物が置かれていますから、右側が重たくなります。そう覚えておくと、お膳の配膳を

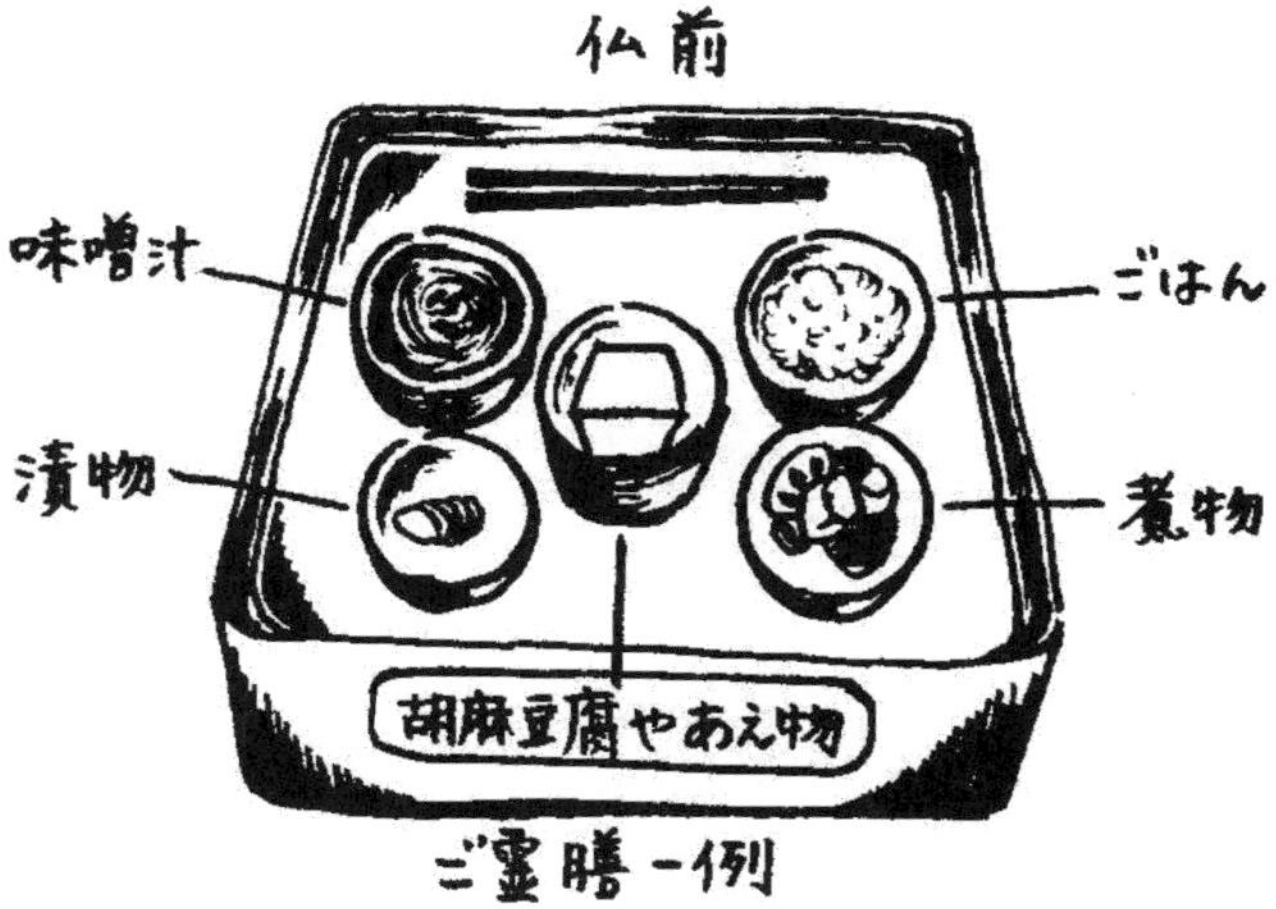

間違いません。

⑧仏壇を購入したり買い換えたときには法要が必要ですか。また購入するのはいつ頃がよいのでしょうか。

仏壇が届いたら菩提寺のご住職と相談して日を決めて、開眼供養をしていただきましょう。供物に決まりはありませんが、わたしの寺の例だと、仏壇を清浄にするために塩・水・洗米をひとつのおぼんに供え、ご先祖の総供養に生野菜を三種類か五種類、乾物を三種類か五種類、それぞれおぼんに供えてもらいます。「仏身を見る者は仏心に見ゆ」という教えもあります。どうぞ自分自身やご家族が開眼できるように念じましょう。

仏壇を買うのに日を選ぶことは不用だと思い

ます。本来仏教は日の吉凶などないとするからです。しかし気になる人は日を選んで決めたらいいでしょう。その場合、亡き人をしのぶのによい時節、あるいは彼岸などがいいでしょう。例えばご先祖の祥月命日やお彼岸やお盆などに購入されるのも一つの方法です。

⑨自分の家にはまだ新仏はいません。仏壇は不要と思いますが?

先に述べたように仏壇はお位牌をおまつりし、供養するためだけにあるものではありません。仏教徒なら、仏道修行するためにも欠かせないものです。たとえ仏壇を買わなくても仏像をおまつりして供養してもいいのです。

わたしの友人の和尚さんは娘が大学に進学し離れて住むとき、仏像の写真を額に入れて渡しました。大学を卒業するとき、彼女は手紙で「はじめは仏像の写真なんかいやだと思いました。一人で生活していると、さびしい時や悩んだ時、そばに話す人がいません。でも仏像を見ていると、『大丈夫だよ』と励ましてくれたような気がしました。また怠けたくなると、それでいいのか、と問われているようでした。おかげでずいぶん助けてもらいました」と、とても感謝していたそうです。

第五章　臨済宗の葬儀の営み方

葬儀の意味と進め方

葬儀の意義

愛する人との永遠の別離ほど悲痛なことはありません。長く患った故人の死が覚悟の別離であれ、突然の事故死であれ、帰れるものなら帰ってきてほしいという気持ちは否定できないと思います。しかし死は厳然と、故人と遺族との間に決して越えられない境界を引いてしまいます。

遺族にとって愛する人との愛別離苦の苦しみの中、動転し、何をしたらよいのかわからないまま儀式がどんどん進んでいきます。そういうときに大変厳しい言い方かもしれませんが、葬儀を単なる通過儀礼に終わらせないでほしいのです。すべて葬儀社まかせではいけません。

最近、家族が余命いくばくもないと医師に宣告されて、亡くなったときにはどのようにしたらよいのか、前もって相談に来る人が多くなっています。葬儀の不安のなか、葬儀の内容とその意味を知りたいという理由です。

例えばお通夜の夜、亡き人と家族だけになったとき、喪失の悲しみ寂寥感、つぎつぎ心に起こるとりとめのない故人への思い、後悔の念、故人との楽しかった日々……心の中は混乱して整理などできやしません。しかしその時が故人と真の心の対話をするきっかけになります。

悲しみが今まで気づかなかった生命のはかなさと同時に、それ故にこそ尊いことも、開眼してくれます。

今日、伝統的な葬儀無用論が騒がれ、一生の終わりには形式的なお寺の葬儀より、自分の望む自由葬儀とでもいうべき要求も増えつつあるようです。それらの考えを頭から否定しません。他人まかせだった葬儀に関心が持たれる、その葬儀から何を学ぶかという大切な点がクローズアップされることはとてもいいことだからです。伝統葬儀についてよく言われることがあります。仏教の葬儀に参列してもただ座っているだけで、何もわからず、虚しい時間を過ごすだけだという声です。やはりこれは僧侶の怠慢です。

実は伝統的な葬儀も意味がわかると、亡き人を送る儀礼と、残された者が故人の死を通して生きるとはどういう意味があるのか、命の尊さを考え、後悔のない人生をどう生きたらよいのかを学ぶよき機会になるのです。

葬儀の実際

これから葬儀の実際を見ながら、葬儀の意義をできるだけ述べていきたいと思います。ただし葬儀の仕方は同じ臨済宗でも地方によって、同地域でも寺によってもさまざまです。場所も寺、喪主の自宅、葬祭場など状況によっても異なります。

そこで、これから述べる葬儀の内容は妙心寺派教化センターで発刊された『臨済宗　在家葬儀』を参考とすることにします。この小冊子の編集員は大分県、兵庫県、岐阜県、静岡県、秋田県というようにほぼ日本全国にわたっていますので、より一般的なものをご紹介できるのではないかと思います。

【臨終と末期の水】

医師から危篤状態に入ったことを知らされたら、離れて暮らしている家族や親戚、ごく親しい友人などに連絡します。

臨終を告げられたら、立ち会った家族や親戚は死にゆく人に最後に水を飲ませてあげます。「末期《まつご》の水」といいます。これは病院ではできませんので、自宅にご遺体を安置してからでかまいません。湯呑茶碗に水を入れ、しきみの葉を浮かべてその葉で唇をうるおすか、新しい割り箸に脱脂綿を巻き糸で縛り、コップに水を入れてその箸をつけ、故人の唇を軽く濡らしましょう。末期の水の順は配偶者から、血縁の濃い者からしましょう。

末期の水はお釈迦さまがお亡くなりになる直前に水を求め、これを鬼神がささげたという故事に由来しています。民間では故人の魂をこの世に引き戻し、蘇生させたいということから、この儀式が行われるようになったと言われます。

【湯灌】

末期の水の後、ご遺体をぬるま湯で清めます。湯灌《ゆかん》といいます。最近では病院や葬儀社がしてくれるようですが、少しでもかかわり遺族が心をこめてすることも大切です。ガーゼや脱脂綿を湯で濡らし、全体を清めたら、汚れ物が出ないように、口、耳、鼻、肛門などに脱脂綿を詰めましょう。瞼は撫でて閉じさせ、口が開いていたら、あごを持ち上げるようにして閉じるようにします。男性はひげをそり、女性は薄化粧をします。

湯の作り方は「逆さ水」といって、先に盥《たらい》に水を入れておき、そこに湯を注ぐという習慣があります。通常と反対の動作をして、忌の害を防ぐことが行われていたためです。

【死装束】

経帷子《きょうかたびら》を着せ、頭巾《ずきん》（三角巾）を額にあて、三途の川の渡し賃といわれる、六文銭（三途の川の渡し賃のこと。今日では印刷されたものを入れます）の入った頭陀袋《ずだぶくろ》を首にかけます。手には手甲《てこう》を着け、脚絆《きゃはん》を巻き、足袋《たび》、草鞋《わらじ》、杖などの旅装束をしてあげます。なお経帷子を着せるとき、うち合わせは普通とは反対の左前にします。両手は合掌させて数珠をかけてあげましょう。

【遺体の安置】

死装束が終わってもすぐお棺には入れません。部屋が狭くて不都合のときはご住職に断って遺体を納棺してください。最後のお別れをするために、仏間か応対しやすい部屋に安置します。布団を敷き、きれいな敷布を敷き、頭を北枕にして寝かせます。掛け布団はあまり厚くない方がいいでしょう。ご遺体がいたむからです。顔には白い布をかけます。胸のあたりに守り刀を置きます。死者の死出の旅の守り刀、魔除けという習慣から置きます。それに頭を剃って僧形にするためのものという意味もあります。

ご遺体を安置したら、枕元に枕飾りを置きます。枕元に屏風を逆さにして立てます。逆さ屏風です。現在では屏風を持っていない家庭が多いと思いますが、そのときは無理に用意する必要はありません。

枕元に小さな机を置き、白布をかけ、その上に、ご遺体に向かって左に花瓶、中央に香炉、右に燭台の三具足を用意しましょう。花は白い花一輪で結構です。燭台の前に鈴《りん》をおきます。湯呑は生前故人が使っていたものに水を入れましょう。そして枕飯《まくらめし》と枕団子《まくらだんご》を供えます。枕飯も故人が生前使っていたお茶碗を使います。枕団子は半紙を折ってその上に団子を供えましょう。

菩提寺への連絡と相談すべきこと

末期の水や湯灌が終わって、遺体を布団に寝かせ死装束も着けたら、なるべく早く菩提寺に連絡しましょう（亡くなるとすぐお寺に連絡するところもあります）。お寺に伺ってご住職と葬儀の時間を打ちあわせしましょう。

葬儀社に先に連絡して葬儀の時間を決めてしまい、お寺を後にすると葬儀の日取りで調整がうまくいかない例があります。まず先に菩提寺に連絡するとスムーズにいきます。

また自宅がお寺から遠隔地にある場合も、やはりまず菩提寺に知らせてください。ご住職が来てくださるかどうかなど相談しましょう。すぐに葬儀社を頼るのは仕方がないとしても、たまに道に外れた会社もあります。まじめな葬儀社にとって悲しいことだと思いますが、会社で雇った、修行もしていない、僧侶でない人にお経を読ませたりするところもあるようなのです。

ご住職が来られない場合、あなたが住む市町村に同じ宗派のお寺院もありますから、まず菩提寺に連絡してくだされば、菩提寺から該当寺院に連絡してくれます。

それではご住職と相談していただく項目を幾つか述べましょう。

①喪主……遺族の代表を決めます。故人の配偶者が勤めるか、すでに成人していれば、子供が勤める場合もあります。なお、葬儀の経済的な責任者を施主とし、故人の伴侶を喪主とするときもあります。喪主本人がご住職に挨拶するか、代理で行った方は喪主が誰になったか知らせましょう。

②葬儀の日時……お寺に行かれたら、枕経、お通夜、出棺、葬儀の時間をご住職と決めましょう。繰り上げ初七日忌も勤めることも多いと思いますから、それも決めます。また、その日に納骨の場合もありますから、それも決めましょう。精進落しにご住職を招くときはあらかじめお話をし、他の和尚さんも出席していただけるか確認します。

③お布施……皆さんが一番聞きにくいのが葬儀のお布施ですが、葬儀の形で、お布施が変わってきます。葬儀には俗に片鈸《かたはち》や両鈸《りょうはち》、三導師という形があります。葬儀のとき鳴らし物を三種類使います。引磬、太鼓、鈸（鐃鈸《にょうはち》）です。この引磬、太鼓、鈸を一人ずつ僧侶（役僧と呼びます）が分担する形を片鈸といいます。両鈸になると鳴らし物が一対になるので役僧が都合六人になります。その両鈸に三導師を加える葬儀の形もあります。

④戒名……大体ご先祖の戒名の位階（１６３頁「戒名の意味」参照）に合わせることが多いようです。しかし希望があるときは、戒名の位階についてもご住職とお話をしてください。戒名と葬儀の形が決まると、お布施も決まります。そのとき菩提寺に納めるお布施にお役僧のお布施が含まれるかどうかも必ず確認してください。お布施を差し出すのは葬

儀が終わって落ち着かれてからでも遅くはありません。しかし前もっていつお礼にうかがうか、ご住職に話しておくとよいと思います。

⑤故人の略歴……寺によってさまざまですが、わたしの寺では「故人の履歴書」を作ります。戒名をつけるためにも、故人を送る香語をつくるためにも、故人の略歴や趣味はとても大切な必須事項です。またお花やお茶の号があればぜひ知らせていただきたいし、故人が好きな字もあればありがたいです。

故人のことを聞かれると、意外に答えられない遺族の方もいます。亡くなられたばかりで心が動揺し、思い出したりできないかもしれません。ぜひ故人の人となりがわかるような資料をご持参ください。プライバシーに差し支えない程度でいいのです。

なお法律上、死亡届を所轄の役所に提出する義務があります。死亡した日から七日以内に医師に死亡診断書を書いてもらい、死亡届に添付して市町村の戸籍係に出すことを忘れないようにしましょう。死亡届を提出しないと、「埋葬許可書」が貰えません。ですから亡くなったらなるべく早く提出する必要があります。

親戚や縁者への連絡

お通夜や葬儀の日程、場所等が決まったら、関係者に連絡します。どのくらいの規模で葬儀を営むかによって、連絡する数や範囲が決まります。仕事関係を考慮すると社葬のように大きな葬儀になることもありますが、必ずしも派手に営む必要はありません。世間体も大事ですが、やはり故人をしみじみ送る儀式をまず第一義とすべきだと思います。日ごろ故人と親しかった方を確認できる友人や会社の方に相談するといいでしょう。

枕経

枕飾りが終わったら、故人の枕元で菩提寺の僧侶に読経してもらいます。現在では枕経をお通夜の供養と一緒にしているところもあります。読むお経は、一般的に『観音経』『大悲呪』「普回向」等です。または『遺教経《ゆいきょうぎょう》』や『菩提和讃』を読むこともあります。

枕経のあと、納棺をしましょう。棺には身内の者ができるだけ助け合って遺体を納めます。そのとき、生前、故人が愛用していた思い出の品々を一緒に納めましょう。ただし燃えにくいものは控えることです。わたしはわが子が亡くなったとき、わが子の頬に家族の写真と、もう片方の頬にお地蔵さまの写真を入れてあげました。

またわたしの寺では色紙に、中央にお地蔵さまの菩薩名を、右に「帰依仏法僧」と記し、左に故人の戒名を書します。お通夜のとき、遺族や親しい方に一人ずつ別れの言葉を書いてもらい棺に納めます。

なお納棺が終わってもお棺は釘を打たずにふたをのせておくだけです。

お通夜

お通夜の意味

葬儀の前夜、お釈迦さまの遺体の前で弟子たちが最後の一晩を通して過ごしたところから通夜といわれます。『長阿含《じょうあごん》第二経遊行経《ゆぎょうきょう》』に、お釈迦さまが涅槃に入られ動揺する弟子たちに、十大弟子のひとり阿那律《あなりつ》が「止めよ、止めよ、悲しむことなかれ」と呼びかけ、明け方まで仏法を説かれたとあります。

わが子のお通夜は明け方まで亡き子の枕元で坐禅をしました。生まれて以来、病院に入院してばかりでしたので、親の愛情の薄い子でした。ですから最後くらいできるだけ傍にいてやりたかったのです。しかし在家の皆さんが徹夜して故人を送ることは必ずしも必要ではないと思います。ただ最後の夜ですから、遺族が順に一時間くらいずつ故人に付き添い、ろうそくと香炉の線香が絶えないように勤めてほしいと思います。

形式も大切ですが、故人はもはや帰らぬ人になったのですから、悲しみの中、故人をしのんで、忘れがたき思い出を家族や親戚で語り合うことが大切な勤めです。

故人は悔いなくこの世を送っただろうか。故人の願いは何であったのか。故人の生きざまをたずねていけば、故人とのふれあいや交際が残したものの中で、生前は気づかなかったさまざまなことが浮かび、故人の願いを考えるよき機会になります。

通夜の法要について

通夜の法要は、参列者は左図のごとく座ります。ご住職が正面に着かれ読経が始まります。寺によって読むお経も異なりますが、まずご霊前に合掌礼拝します。『剃髪《ていはつ》の偈《げ》』を読みます。禅宗の葬儀は頭の髪を剃り、僧形にして営むのです。そして『観音経』あるいは『観音経世尊偈』『大悲呪』などを読みます。最後に「普回向」で終わります。枕経と大体同じです。地域によって『剃髪偈』『懺悔文』『三帰戒』『大悲呪』「鎖龕《さがん》回向」（龕にふたをする回向）『観音経』「通夜回向」まで勤めるところもあります。

焼香は回し香炉が使われることが多いと思います。自分の席に香炉が順次送られてきます。焼香して回し香炉を隣の人か、自分の後ろに回した後、合掌礼拝しましょう。

読経が終わり、住職が法話をされたら心して聞きましょう。住職が退出されたら、喪主が挨拶します。そして通夜ぶるまいが行われることが多いようです。

通夜の服装について述べます。喪主が男性で洋服なら、原則として黒のスーツでシング

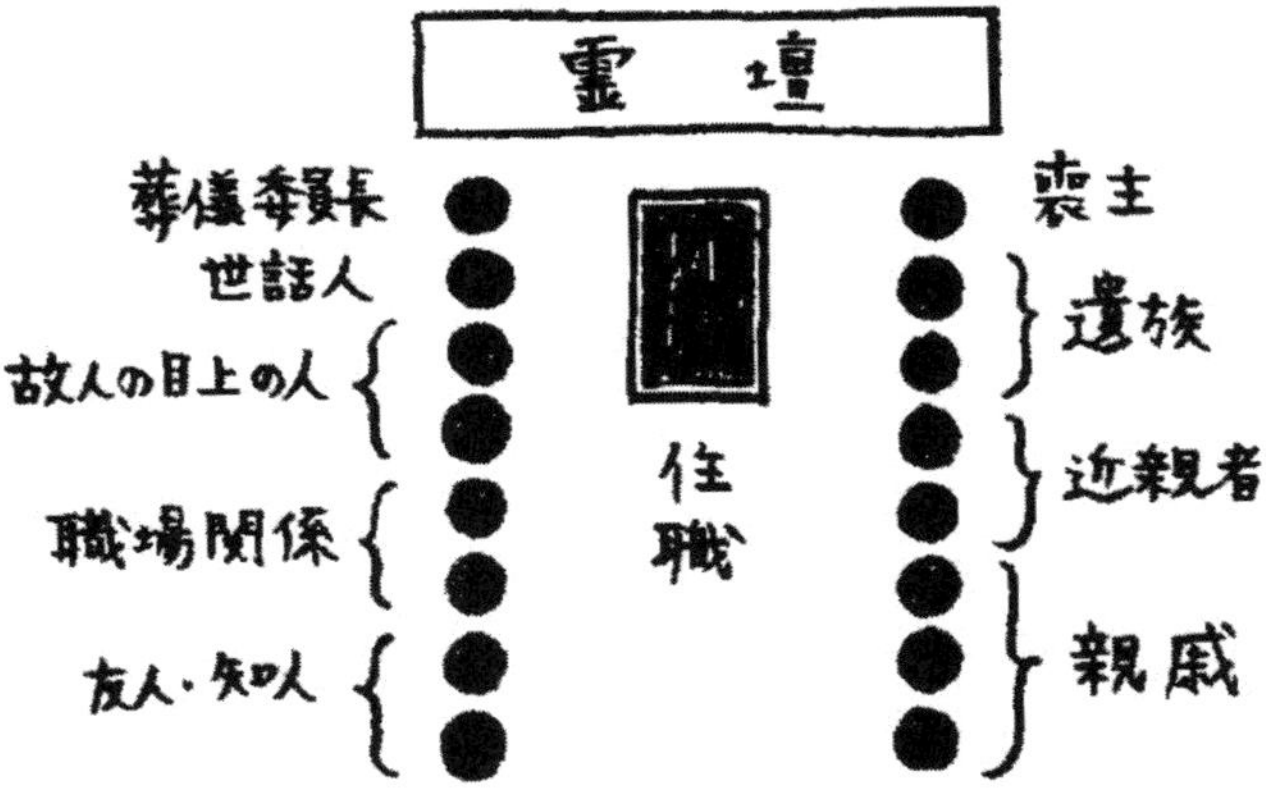

通夜の席次一例

ルでもダブルでもいいでしょう。シャツは白で、無地が好ましい。ネクタイは黒。女性で洋服なら、黒無地のワンピースがいいでしょう。あまり光沢があったり、透けるようなものは止めましょう。ストッキングや靴も黒無地、アクセサリーも地味なものにします。数珠を忘れないように。

縁あってお通夜に焼香に行く方の服装にとくに決まりはありません。自宅に帰る時間がなくて仕事先から駆けつける人は、そのままの服装でもかまいません。

時間がないときは、枕経をお通夜に合わせて勤めることもあります。

葬儀と告別式

葬儀の流れと意味

最初に司会が開式の挨拶をし、希望があれば、葬儀委員長が故人の業績や徳を称えるスピーチをすることもあります。

導師が入場すると、維邦《いのう》といってお経を進行する役の僧が「御一同さま、合掌礼拝いたしましょう」と言い、葬儀を始めます。順次勤める内容を説明しましょう。

【授戒式】

生前に戒名を頂き、仏教徒にふさわしい生き方をするのが本来です。しかし「死後授戒」といって、亡くなってから遺族が故人になり代わって授戒を勤め、その行《ぎょう》をしてもらうのが授戒式です。その功徳によって故人に戒名を授与するのです（戒名については後述します）。故人の授戒ではありますが、亡き人とともに遺族の方々は、これから仏教徒として歩んでいくことを学ぶ儀式でもあるのです。

授戒の式次第は、まず住職が授戒願文を唱え『懺悔文』『三帰戒』『三聚浄戒《さんしゅじょうかい》』『十重禁戒《じゅうじゅうきんかい》』を授け、「亡者授戒回向」を読んで、戒名を授与します。『懺悔文』『三帰戒』はすでに説明をしましたので、『三聚浄戒』と『十重禁戒』について述べましょう。

『三聚浄戒』

仏さまの戒めを守り、悪を断つこと。積極的に善行をすること。すべての衆生に慈悲心を持って接し利益を与えること。

この三つを戒めとして日々勤めること。これが『三聚浄戒』です。

『十重禁戒』

①生きものを殺さない。②偸みをしない。③夫婦の信頼を失うようなみだらな関係を持たない。④嘘を言わない。⑤酒を人に売って飲ませない。⑥他人の過失を言いふらさない。⑦自分だけをほめ、他人をけなすことをしない。⑧物を出し惜しみしない。⑨怒りの心を起こさない。⑩三宝をそしらない。

以上の十の戒めを受持するよう戒めます。『梵網経《ぼんもうきょう》』には、これらの戒を守ることは諸仏の位になり、その位は悟りと同じだ、と宣言されています。ですから仏教徒として戒はとても大切な行です。最後は「亡者授戒回向」を導師が唱えます。

【龕前念誦と往生呪】

お棺の前で、回向します。

この「龕前念誦《がんぜんねんじゅ》」の後、「十仏名」といって十の仏さまの名前を唱えます。故人が戒名を授受され悟りの道を進むことを祈って念じます。終わると、『大悲呪』を読み、「鎖龕《さがん》」といって、お棺に釘を打つ回向をします。そのとき、生花をお棺に供えます。続いて再び『大悲呪』を読み、「起龕《きがん》」といってお棺を運び出す回向を唱えます。

本来だと、遺体を火葬するために火葬場に向かいますが、そのとき、住みなれた家を出る「出棺」の法要をします。その前に勤める法要が鎖龕の法要です。しかし今日では、鎖龕と起龕の回向は一緒に唱えることが多いようです。また地域によってはお通夜の翌日、出棺のお勤めをして、火葬場で荼毘《だび》をしてから菩提寺で葬儀が行われるところもあります。この場合、葬儀は授戒から始まり、鎖龕諷経と起龕諷経は形式的に営まれるわけです。

かつては葬儀場まで『往生呪《おうじょうしゅう》』というお経を唱え、引磬《いんきん》(小さな棒で打ち鳴らす鐘)、鼓、鈸《はち》という鳴らし物を鳴らしながら葬列を作って向かいました。今日でも農村部ではこの習慣が残っているところもあります。お釈迦さまが亡くなられたとき、クシナガラの村人は舞踏、歌謡、奏楽、花輪、香料をもって尊い師のご遺体を敬いしのんだと『長阿含第二経遊行経』に説かれています。さまざまな楽器が演奏されたと思いますが、後にその故事にのっとって、楽器が三種類に整理され、役僧が鳴らすようになったのです。

【引導法語】

導師である住職が引導《いんどう》法語を唱えます。引導とは、衆生を導いて仏道に入らせることですが、現在では、棺の前、あるいは故人のお位牌の前で、法語を唱えることをいいます。お釈迦さまが、乳母であった大愛道比丘尼が亡くなられたとき引導を唱えられたのが始まりとされます（『仏母般泥洹経《ぶつもはつないおんきょう》』関連典籍『増一阿含経』）。引導法語を唱える前、導師は炬火《たいまつ》（炬火を象徴した飾り）で一円相を空中に描きます。一円相は故人が涅槃の世界に入ることを意味します。

引導の法語は伝統的に漢文ですが、現代人に理解しがたいと考えて、現代文の散文形式で唱える僧侶もいます。

法語は仁（故人の徳行）や死（故人の死とその死をいたむこと）、活（禅の宗旨から故人の生前の自在な働きと生死の解脱や安心のこと）の三要素は必ず考慮しなくてはいけないとされます。導師は偈を唱えた後、大喝一声で終わります。臨済宗独特の「喝」です。言語で表現できない宗旨の真髄をこの一声にこめます。

【山頭念誦】

山頭《さんとう》とは、葬場の意味です。つまり火葬ないし土葬のときに唱える回向が、「山頭念誦」です。禅宗ですが、浄土門のように阿弥陀如来の名を唱え、極楽浄土を願います。この回向文は、『勅修百丈清規』の亡僧の山頭念誦に出ています。

中国で禅院をはじめて独立させ、いろいろな決まりを作製した百丈禅師は衆生が亡くなったとき、遺族を安心させるための慈悲心から浄土門の教えを入れたのでしょう。ただある地域では「山頭念誦」を読まず引導が終わったら『観音経』を唱え、告別の回向をあげ、火葬場に向かうところもあります。

ここで寺院での葬儀は終わり、告別式に入ります。弔辞や弔電を奉読されることが多いようです。弔詞の前に故人の遺族、孫、兄弟が別れの言葉を真前で読むこともあります。

【荼毘諷経】

読経中、喪主、親族、一般とかかわりの深い順に焼香します。葬儀のときは一回ていねいに焼香しましょう。ご遺体を火葬する荼毘の回向を読みます。地域によってはこの後、火葬場へ向かい、ご遺体を荼毘するとき『大悲呪』あるいは『舎利礼文』を誦し、「普回向」を唱えます。

【収骨諷経】

故人のお骨を骨壺に納めます。『舎利礼文』というお経を唱えます。お釈迦さまの尊いお骨を至心に礼拝すれば必ず功徳があると説かれたものです。

読経中、遺族は箸を使ってお骨を拾います。二人が一組になって、ひとつのお骨を箸でつかみ、骨壺に入れます。箸と橋の音が同じですから、故人を来世へ橋渡しをする願心がこめられているとも言われます。

収骨が終わって、回向を読み上げたら、一同合掌しましょう。

【安骨諷経】

収骨も終えて、火葬場から自宅に帰り祭壇にお骨を安置します（あるいは葬儀場に戻ります）。ただし地方によって出棺をして荼毘、収骨の後、菩提寺において葬儀を営むところもあります。その場合、その日に納骨するか、お寺に預かってもらうか、家に持ち帰り四十九日まで供養して、そののちお墓に納骨するかを決めます。

宅葬の場合、祭壇を取り去り部屋の掃除をして、遺骨をおまつりする壇を親戚か知人に準備してもらいましょう。二、三段の壇を作り、白い布をかけ、一番手前の壇の右側にろうそく、中央に香炉、そのそばに鈴、左側に花立てを置きます。上の壇に遺骨とお位牌、遺影などをまつりましょう。この荘厳は四十九日の忌明けまでご供養します。

お経は、住職が『大悲呪』を読み、安骨（あるいは安牌）のご回向を唱えます。その間焼香することになります。

自宅で出棺、火葬場で荼毘、収骨、寺院で葬儀、告別式の順で営む地方において、一度遺族は本堂を出て、山門で一般会葬者を送り、その後、繰り上げ初七日の法要を勤めるところもあります。その場合、初七日忌の法要に安骨諷経を兼ねるのです。そして初七日忌の法要後、納骨諷経、精進落としの順に式を勧めるのが通例のようです。

【開蓮忌】

本来、故人が亡くなって、三日目に行う法要をいいます。死を確認する儀式です。また火葬した場合、日をおいて儀式を営む地方では葬送逮夜《たいや》法要を開蓮忌《かいれんき》と呼んでいます。葬儀が終わり家族だけになると、ホッとする反面、悲しみと寂しさが襲ってきますし、身心の疲れがどっと出てくるものです。こういうときこそ、心を奮い立たせて、追善供養をしっかり勤める誓いを立てることはとても大切です。そこに開蓮忌の意味があります。

精進落としと形見分け

会葬者に飲食の接待をします。ちなみに精進落としとは、中陰が明けると肉食をしない精進の期間に区切りをつけて、平生の生活に戻ることを意味しました。

葬儀が終わったら、葬儀に関する事務、①会葬者の名簿②香典の控え③弔辞弔電の記録④葬儀の後始末を落ち度なく処理しなくてはなりません。ここではふれませんが、かなりの法的な事務処理もあります。この点は、葬儀社が指導してくれます。

自宅で勤めたときは座布団やお茶碗など借用したものがあれば、すみやかに返しましょう。会葬の礼状郵送はなるべく早く出すことです。

とくに神経をつかうのが遺品整理と財産相続です。菩提寺のお礼や葬儀の経費の精算、挨拶がすんだら、故人の遺品を整理し、家族や親戚、生前とくに親しかった方々に故人が愛用していたものを贈りましょう。ただしその遺品が相手にふさわしいものかどうか、よく吟味してください。故人より年上の方々には形見分けはすべきではないでしょう。

なお香典返しもしなくてはなりません。いただいた半額くらいの品を三十五日忌、四十九日忌明け後に送られたらいいでしょう。

ところで遺産相続や形見分けにせよ、心したいことがあります。人間には欲があります。「泣きながらよいほうとる形見分け」という歌もありました。お互いに一歩譲り合う心を忘れないようにしたいものです。

あるとき、東京の会計事務所の玄関に「相続とは亡き人の心の相《すがた》を継ぐもの」とあるのを見ました。故人が残した遺産の相続も重要ですが、その生きざまから亡き方の愛情の深さと人生の教えを学び、日々の生活に活かせたら、さぞかし故人も喜んでくれると信じます。お釈迦さまは弟子たちに私の財産を継ぐな、私の法を継ぐようにと教えています。

葬儀の後に

さてこうしてあわただしく葬儀も終わり、後始末もなんとか整理がつくと、急に心にポッカリと空洞が生まれます。悲しみと寂しさの中、心は沈みがちになります。しかし実は亡き人との「真の共生きの人生」はここから始まるのです。

土井松子さんは、公務員であったご主人を大腸ガンで失いました。ご主人は真面目で無口。勝気な松子さんは、ご主人を少しものたりなく感じていました。ご主人の葬儀が終わった当初は、ご主人の存在の大きさをそれほど、感じませんでした。

ところが初七日が終わった、その晩のことでした。「父さん、お風呂」と声をかけました。もちろん、返事はありません。その沈黙がまっすぐ松子さんの心に切り込んできました。仏壇の前に坐して、「私寂しいよ、ウンでもスンでもいいから話しかけてよ」と松子さん。その後、仏壇に向かって愚痴ばかりでるようになります。さらに「あの人に妻として充分尽くさなかったのでは」と後悔の思いが松子さんを責めました。

母が落ちこむ姿を見て、息子も娘もあわてます。どちらかが引き取る話もでます。そんな矢先のこと、兄妹に松子さんからはずんだ声で電話がありました。「父さんがね、天国から結婚記念日に電報をくれたんだよ」と言うのです。次の日曜日、二人が訪ねていくと、松子さんはうって変ってとても元気です。不思議がる子どもたちに一通の電報を見せました。「長い間お世話になりました。松子と結婚して、私の人生は何倍にも何十倍にも楽しくなりました。私はあなたと結婚してよかった。金婚式一緒に祝えなくて申し訳ない。私はあなたをしっかりと見守っていきます。これからは好きなように楽しんで生きてください。長い間ありがとう」とありました。ご主人が自分の死を覚悟して、死後に少しでも松子さんを励ませたら、と生前に電報予約をしていかれたのです。なんと温かく深い愛情でしょうか。無器用なご主人はこんなふうにしか愛情を表わせなかったのです。（清水英雄著『何百のありがとう　何千のありがとう』河出書房新社）

死を受け入れるまで

松子さんの「心的プロセス」をいま一度たどってみましょう。

悲痛の松子さん、いかに気丈夫でも愚痴をこぼさずにはいられませんでした。いいのです、どんどんこぼせば。しかし同時に亡き人への懺悔の気持ちがフツフツと心に起こります。こぼした涙が松子さんの身心を浄めてくれたのでしょう。仏壇の前にわが心を隠さず、赤裸々に思いをぶつけたからです。

ご主人からの電報が松子さんへの感謝の思いを伝えました。もし電報が送られてこなかったら、どうだったのでしょうか。しかし私は思うのです。この電報がなくても、仏壇に話しかけるうちに、ちょうど遺跡にうずもれた宝を発見するように、故人の生前の振る舞いの一片一片に、故人の温度ある行為に愛を感じずにはいられなくなったはずです。

死を通して、生前より深く亡き人の心と結びつくというのは、誠に皮肉なことです。しかしこのように考えてみると、葬儀という一連の儀式は、亡き人との新たな心の共生き人生のスタートではないか、と思えてくるのです。確かに伝統的な葬送儀礼は煩雑でわかりにくいところがあります。しかし伝統的な儀式であるが故にその流れが確立しているので、落ち度がなく、一般の会葬者にも非礼でなくなります。また、儀式を一つひとつ経ていくうちに、死という厳然とした事実が自分のものとなり、故人を亡くした悲しみと同時に、生きるとはなんなのか、自己に真剣に問わざるを得なくなります。

葬儀の形は古くさくて堅苦しいようですが、呆然として何をしていいかわからない時、葬儀という式を営むことで形に悲しみの一部を預かってもらい、なんとか取り乱すことなく儀式をすませることができるというのが本当のところではないでしょうか。そして儀式を終えると、次第に亡き人との心の共生き人生の一歩を、自分の生命を深める修行の一歩を歩み進めることができるのではないかと思うのです。

戒名の意味

仏門に帰依した証

戒名とは授戒や得度という儀式を勤めて、仏門に帰依したものに与えられる法号のことです。本来は、生前法号をいただいて、仏弟子にふさわしい日々の暮らしにつとめなくてはなりません。しかし今日では、本人が亡くなった後の通夜の席で授戒を行い、遺族が故人になり代わって戒名をいただくことが多いと思われます。そこから亡き人への贈名のように思われています。しかしこれは本来ではないことを心にとめてください。

戒名を法名ともいいます。古くから用いられていますが、浄土真宗が広まり、浄土真宗では授戒作法がないので、法名のみを与えました。そのため、法名は戒名に対する法名という場合と、戒名を含める場合と二通りに使われるようになりました。

法名・戒名はもともと二字でしたが、禅宗の影響をうけて道号を加えるようになりました。その結果、区別するためにもともとの二字を法号と呼び、全体を法名、戒名と呼ぶようになったのです。
戒名は次のように構成されています。

院号　道号　法号　位階
○○院　○○　○○　居士

院号……道号・法号の上に冠するもので最上の尊称です。天皇が譲位した後、住したところを○○院といいましたが、亡くなられると、その院名を法号の上に使ったことに由来しています。武士には院殿を使いました。いずれにしても一寺院を建立できるような寄進をした方に与えられたものでした。今日では社会に貢献したことが認められるなど、寺院の護持に大きく力を尽くし、信心深い方に与えられます。その他、軒・庵・斎などの号があります。

法号……その人の生前の人柄や業績などを表わすことばが選ばれます。

位階……居士・大姉・上座・尼上座・信士・信女、童子・童女・孩子（児）・孩女、嬰児（子）・嬰女・水子などを「位号」あるいは「位階」と呼びます。習慣的に先祖代々、家に位階が決められている場合が多いと思います。しかし菩提寺への奉仕や信心の深さ、坐禅会、婦人会、写経会、布薩会など寺の行事に参加して仏道を修行し、境地により位階を変えることもあります。

ただし年齢による区別もあります。おおむね以下の如くです。

居士・大姉、上座・尼上座は二十歳以上、信士・信女は十五歳以上です。童子は大体七歳より十五歳とされます。孩子は二～三歳の子ども、嬰児は一歳以下の乳飲み子、水子は死産・流産の子と考えていいでしょう。

戒名はいらないか?

最近、戒名無用論もよく言われますが、それは死後授戒がほとんどだからです。しかしたとえ死後授戒が本来ではないとしても、決して意味のないことではありません。死後、亡き人に戒名が贈られますが、その人柄や業績が四字に込められますから、時間を経ても子孫の人たちは、亡き人がどんな人か偲ぶことができます。それに戒名は故人の理想的な人柄を表わし、そこに故人の願いを汲み取れます。遺族は戒名から故人の願いを理解して、それに応えるよう精進したいものです。また戒名を唱えて、亡き人の心に恥じない生き方をしているか、自分の生き方がこれでいいのか、チェックできます。戒名の価値は、遺族がどう人生に生かすかにかかっているのです。

そしてもう一つよく聞かれることは、「位階に上下があるのは、死んでも差別があるような気がして仕方ない、どう考えますか」というものです。確かに位階は今日でも大体、家につけられていて、個人につけられたものでないところがあります。わたし自身も大変考えさせられるところです。故人の業績や仏道修行いかんに関係なく位階がつけられる可能性があるからです。わたしの寺でもやはり家代々の位階を基本にしていますが、もし故人が寺で行われている会に参加し、仏道修行を続けておられたら贈与させていただき、そうでない場合は、遺族の方にお布施で授与することにしています。これからも「布薩会」を月一回ほど修めて、生前授戒を促進していきたいと考えています。

「布薩」とは、本来月に二回、半月ごとに僧が集まって自己反省し、自分の罪を告白懺悔する集まりのことでした。私の寺では、『般若心経』・「本尊回向」の後、『白隠禅師坐禅和讃』を読み、参加者の先祖回向を唱えます。その後、法話をして、「加行《けぎょう》」に入ります。「加行」とは、悟りに達する、本来の自己に立ち返るための準備に修する行のこと。『懺悔文』『三帰戒』を三度ずつ唱え、そのたび礼拝し、諸仏、諸菩薩、祖師方に何度も礼拝します。何も願わず求めずただただ礼拝します。身と心がどんどん澄んでくることが実感できます。その後、坐禅をして、一カ月の反省文を紙に書いて真前に供えます。自分の罪を懺悔し、告白すると心が軽くなり、生きる意欲が湧いてきます。今一度、『懺悔文』を読み、最後に『四弘誓願文』を唱えて終わります。約一時間十五分かかりますが、行のあとは参加した方々のお顔が清々してきます。

さらに禅宗では「授戒会」という法要もあります。三日間から五日間（今日では一日授戒もあります）、会場である寺院に、檀信徒が集まって帰依し修行します。一人での修行もいいのですが、同信同行の人々が一同に会して修行する、まさに僧伽《サンガ》（修行僧の二人以上の集まり）であり、和合して心身をみがくことこそ仏道修行が一番進むときです。

三宝に帰依する三帰戒を受け、五つの戒（不殺生戒・不偸盗戒・不邪婬戒・不妄語戒・不飲酒戒）の説明を受け、戒を守ることを誓います。そして三世の諸仏に加行礼拝を繰り返し勤めます。最後に仏教徒として生きる誓いのあかしとして戒師から戒脈をいただき、戒名を授かります。禅宗の檀信徒としてとても大切な修行ですので、機会があれば必ず参加していただきたいと思います。

墓参りのしきたりと心

家族で墓参りする意味

先祖のない人はいません。最近は自分が知らない人など先祖と言ってもイメージがわかないし、恩恵など感じないから関係ないという考えを持っている人が増えているそうです。しかしこれはとんでもない間違いです。わたしたちのこの尊い生命は、代々の「ご先祖の生命と願い」が一つも欠けることなく連綿と続いて誕生できたものなのですから。

ご先祖を粗末にしてもご先祖は何も文句は言いません。それが実は一番厳しいことなのです。そういう家にはご先祖に感謝の念やご先祖に恥じない生き方をしなくてはという精神的なバックボーンが失われていますから、功利的な思考に走りやすくなります。判断がご都合主義的になり、結果、物事の対応が時には親切だったり、時には不親切だったりして、自ずと人の信頼を失ったりしています。何か事が起きれば、慌てふためいて、家庭もだらしなくなりがちです。そういう家は続かないことが多いようです。これはあくまでわたしのこれまでの体験的感想です。

わたしの寺で墓地の全面改葬があり、檀家さん一軒一軒を新墓地に納骨しました。ある日、新墓地の読経に行きました。ご主人とその奥さんがご先祖の骨壺を一つひとつ水で洗い、布でふき始めます。小学生の男の子が、「お父さん、何をやっているの」と聞きます。お父さんは「これはおじいちゃんのお骨だよ。これはおばあちゃんのお骨だよ」と答えます。わたしは、「このおじいちゃんやおばあちゃんがいなかったら、君のお父さんは生まれていないんだよ。そうすると君も生まれていないよ」とことばをそえました。するとその子は「僕にも骨壺をきれいにさせて」と、布を借りてふき始めました。

生命をいただいたご先祖に感謝し、ご先祖を悲しませてはいけないと誓う場がお墓なのです。そして何か悩みがあったら、墓前に立ってください。しばらくすると、必ずご先祖の声が聞こえてきます。このことは仏壇の項でも述べました。墓地はご先祖との生命のつながりを、より身近に感応できる場なのです。

墓参りですべきこと

墓参りの仕方はとくに決まりはありません。ご先祖の毎月の命日や、一年の初詣・節分・春秋の彼岸・お盆・年末に墓参りしている方が多いようです。お子さんの七五三や成人式の日にご先祖に報告される方もいます。思いたったら日は選ぶ必要はありません。

墓参りをするとき、花・供物（故人が好きだったもの）はもちろんのこと、掃除のために小さなホウキとブラシも忘れずに。手桶と柄杓は、墓地の管理事務所やお寺の墓地の水場にありますから借りましょう。花を立て、供物は半紙を二つ折りにしてそこへのせ、線香をつけ、水を入れ終わったら、合掌礼拝しましょう。

そのとき、合掌してしばらく目をつぶります。今、あることを感謝し、日頃の悩み事や新たな決意を心でご先祖に語りかけてもいいと思います。

私自身、悩んでなかなか活路が見出せないとき、どうしても亡き子の墓に足が向いてしまいます。「お父さん、本当になさけないよ、どうしていいかわからない。靖能、ごめんね」と何度これまでも手を合わせ、愚痴ったことでしょうか。何回かお参りするうちに、心が静まり生きるヒントがひらめき、乗り越えることができました。

お墓のQ&A

①お墓を新しく建てるとき、適した時期はありますか。また墓の方向に何か気をつけることがありますか。

建立する時期にとくに決まりはありません。故人の一周忌や三回忌の忌日に合わせるとか、春秋の彼岸に建てればよいと思います。墓の向きですが、これもとくにありません。わたしの経験ですが、できたら北向きだけは避けたほうがよいと思います。

②どんな墓の形がいいのでしょうか。

多宝塔、卵塔、宝篋印塔《ほうきょういんとう》、五輪塔、角石塔《かくいしとう》、自然石のものなどありますが、わが国は角石塔がほとんどです。自分で選べばいいでしょう。自然石の場合、あまり変わったものは避けます。礼拝するものですから自ずと敬虔な気持ちが起こるような墓石が大事です。

③改葬のとき、どんなことが必要ですか。

現在の墓所から新しい墓所にお墓を移すことを改葬といいます。また古い墓石を新しく建立する場合も改葬と考えていいでしょう。

まず改葬の前に、僧侶に改葬のお経と回向をしていただき、古い墓石の性根抜きもしていただきます。そして納骨後に再びお経と回向をお願いしましょう。また他の寺院から移骨する場合、前にお世話になったお寺に提出した「埋葬許可書」を返してもらいます。もしないときは役場の戸籍係か市民課に行って「改葬許可書」の交付を受けましょう。

④墓地を購入するとどんな権利が生まれますか。

墓地を購入しても土地の所有権を取得したのではありません。墓地を永代使用する権利を得られるということです。

第六章　臨済宗の法事と勤め方

法事とは何か

なぜ法事を行うのか

本来、法事とは仏法を興隆するためのすべての仏教行事を意味していました。今日、わたしたちはご先祖の追善供養だけを法事と呼んでいますが、それだけではなく、供養をするわたしたちがこの法要を修することによって仏道を学び、自己を磨くという仏事も法事であるのです。

追善供養とは何か

追善供養とは、ご先祖の法事の日に、あなたが施主として菩提寺のご住職に、ご本尊さま、ご先祖に読経・回向してもらうことです。このように法事を営んで積んだ善根を亡き人に振り向けてもらうものだと、一般に説明されています。しかしこれでは不充分です。

仏教では自業自得が基本原則ですから、自分が積んだ行為の結果は自分に返ってくるのであって、他者に振り向けることなどできないことになります。しかし大乗仏教が展開し回向の思想が生まれ、その結果、自分の日々積んだ善根を他者の悟りに向けたり、その功徳を他者に差し向けることができる、という教えが主張されるようになりました。

このように追善供養に根拠を付けられる理由はどこにあるのでしょうか。

中国の隋の時代、仏教全般にわたり精通していた僧、浄影寺慧遠《じょうえいじえおん》（五二三―五九二）は仏教百科概論ともいうべき『大乗義章《だいじょうぎしょう》』を著しました。彼は「三種の回向」を説きました。

菩提回向…自分の積んだ善根が悟りを開くほうに振り向ける回向
衆生回向…自分の行った善根を他者に差し向ける回向
実際回向…自分の善根を平等不変の真理そのものに差し向ける回向

（『同』「九巻回向義三山分別」）

慧遠によれば、追善回向は「菩提回向」と「衆生回向」に当たります。そして慧遠は衆生回向の根拠をつぎのように説明しました。

「仏法は自業して、他人、果を受くること無く、亦《また》他業して、自己、報《ほう》を受くること無しと雖《いえど》も、彼此《ひし》互に相助縁《あいじょえん》すること無きに非ず、相助くるを以っての故に、己が善《めぐみ》を廻《めぐら》して彼に施すことを得《う》」

仏教は自業自得が原則です。従って、他人の善行の功徳を本来いただくことはできません。しかし回向は異なります。先祖の法要を遺族が勤めると、その功徳は亡き人に届き、さらに遺族に廻ってくるのです。その理由は「相互に縁があるからだ」と慧遠は教えます。理解を深めるために、この理論を先祖の追善供養に当てはめてみることにしましょう。

法事によって結ばれた縁

先日、檀家さんの葬儀がありました。亡くなった祖母に孫が「別れのことば」を仏前で述べました。祖母にお世話になったことを心から感謝し、最後にこのように誓いました。

「おばあさん、今まで家族にはいろいろ心配をかけたけれど、おれ、前にやった家の法事で、和尚さんが『一回きりの人生、自分のテーマを持たないと人生は輝かない』と話されたのを忘れられません。おれも必ずおれの人生のテーマを見つけてがんばるよ。おばあちゃん、おれを見守っていてください」

この檀家さんが以前に勤めた法事という善根の縁で、この孫は生きる上で、いかに生きるか、というテーマがとても大切だということに気づきました。見方を変えると、つぎのようにいうことができます。法事を檀家さんが勤められたとき、年忌に当たって供養してもらったご先祖はとても喜ばれ感謝して、子孫の幸福を祈り、お孫さんが人生のテーマを自分に課すことができるように導いてくれた、これが亡き人の供養と言えないでしょうか。この家族の真摯な供養がご先祖に通じたのです。

このお孫さんの別れのことばは、残された家族と亡きご先祖の縁は死によってもとぎれないこと、しかも見えない縁で結び合っているということを証明しているといえます。

法事にはどんなものがあるか

家族が亡くなると葬儀が営まれます。その後、亡くなった日を入れて七日目を初七日《しょなのか》、さらに四十九日、百ケ日、一周忌と法事が営まれていきます。なお法事の前日の夜に営まれるお逮夜《たいや》という法要もあります。

故人の亡くなった日を「忌日《きにち》」と言います。そして月々廻ってくる忌日を「月忌《がっき》」といい、毎年一回廻ってくる月の忌日を「祥月命日《しょうつきめいにち》」と呼びます。祥月は正月忌のことですが、「正」は正月を連想させるので、「祥」を使って混同を避けたと思われます。

中国に仏教が入ると、『倶舎論《くしゃろん》』(上座仏教の教理を集大成したもの)に説かれている中陰説をもとにして、まず四十九日忌まで供養されるようになったと思われます。次頁の表を見てください。あまり知らない王の名前が出ていますね。亡き人が冥界で十人の王によって生前の罪を裁かれる、という中国の「十王信仰」が追善供養と結びつきました。その結果、百ケ日忌、一周忌、三周忌が加えられ、十仏事となったのです。

わが国では、さらに七回忌、十三回忌、三十三回忌と加えられ、それぞれの法事に十三の仏さまや菩薩さまが選ばれ、亡き人を守ってくれるという十三仏の信仰が広まっていきました。その後、さらに一七回忌、二十三回忌（二十五回忌を営む地域もあります）、二十七回忌、三十七回忌、五十回忌、百回忌などが加えられ、今日に至っています。

	忌日	追忌	仏・菩薩名	垂迹
中陰法要	初七日忌	初願忌《すがんき》	不動明王	秦広王《しんこうおう》
	二七日忌	以芳忌《いほうき》	釈迦如来	初江王《しょこうおう》
	三七日忌	酒水忌《しゅすいき》	文殊菩薩《もんじゅぼさつ》	宋帝王《そうたいおう》
	四七日忌	阿経《あきょう》(況)忌《き》	普賢菩薩《ふげんぼさつ》	五官王《ごかんおう》
	五七日忌	小鍊忌《しょうれんき》	地蔵菩薩	閻魔王《えんまおう》
	六七日忌	檀弘忌《だんこうき》	弥勒菩薩《みろくぼさつ》	変成王《へんじょうおう》
	七七日忌	大鍊忌《だいれんき》	薬師如来	泰山王《たいざんおう》
	※忌明け法要			
年忌法要	百ケ日忌	卒哭忌《そつこくき》	観世音菩薩	平等王
	一周忌	小祥忌《しょうしょうき》	勢至菩薩《せいしぼさつ》	都市王《としおう》
	三回忌	大祥忌《だいしょうき》	阿弥陀如来	五道転輪王《ごどうてんりんおう》
	七回忌	休広忌《きゅうこうき》	阿閦如来《あしゅくにょらい》	蓮上王
	十三回忌	称名忌《しょうみょうき》	大日如来	抜苦王
	十七回忌	慈明忌《じみょうき》		
	二十三回忌	思実忌《しじつき》		
	二十七回忌			
	三十三回忌	清浄本然	虚空蔵菩薩《こくうぞうぼさつ》	慈恩王
	三十七回忌			
	五十回忌	阿円忌《あえんき》		
	百回忌	会王		

※垂迹《すいじゃく》とは、仏・菩薩が仮に姿を現すこと。

中陰法要と百ケ日法要

中陰法要とは

インドの古い教えでは、生きとし生けるものが死んだら輪廻転生すると考えられていました。六道輪廻といって、地獄、餓鬼、畜生、修羅《しゅら》、人間、天という六つの世界に、生前の行いによって生まれ変わり死に変わりして限りなく廻るという教えです。この教えが仏教に導入されました。

この世に生を受けたときの有り方を「始有《しう》」、この世の生を受けている間を「本有《ほんう》」、死の瞬間を「死有《しう》」といいました。生を終えてから次の世界に生まれ変わるまでの間は四十九日間あるとされ、その間の有り方を「中有《ちゅうう》」、あるいは「中陰《ちゅういん》」と呼びました。

一つの説には、その中有のとき、つまり四十九日の間は、七日ごとに右の表にあるように初七日の秦広王にはじまり、七七日の泰山王までの七王によって生前の所業の審判を受けることになります。故人はもやは善根を積めないので、遺族がその間、とくに追善供養をして、その功徳で故人が少しでも善き来世に生まれ変われるように、という願いから設けられたのが中陰の法要なのです。

中陰の思想は霊魂の存在がなくては成立しない考えです。この世からあの世に輪廻するには、肉体が滅んでも霊魂は不滅でないと輪廻することは不可能です。では霊魂の存在を仏教ではどう教えているのでしょうか。

仏教は諸行無常と説きますから、すべてのものは変化して止まないのです。禅は身心一如と教えますから、死んだら霊魂だけが残るということはありません。それでは何も残らないのかというと、そうではありません。人は死んでもその人の生きざま、そして思い出は残ります。故人の生きざまは残された者にも影響を与えずにはおかないのです。

よく世間では、「あいつは信用できないね。あいつの亡くなった親父にはひどい目にあったからな。あんな奴の子どもだから」と言います。この世では自分の日常の生き方をできるだけ誠実にしておかないと、子孫に迷惑をかけます。一方、良き思い出は遺族の心を癒し、生きる力となります。

仏さまの世界

さてこれは人間の立場から見た場合ですが、仏さまの世界から見たらどうなるのでしょうか。鎌倉円覚寺派管長であった朝比奈宗源《あさひなそうげん》老師はこのように教えてくれました。

「私どもは、仏心の中に生まれ、仏心の中に生き、仏心の中に息を引きとるのでありまして、仏心からはずれて生きることも、仏心のほかに出ることも、できないのであります。たとえれば、私共は仏心という広い心の海に浮かぶ泡のようなもので、私共が生まれたからといって仏心の海水が一滴ふえるのでも、死んだからといって、仏心の海水が一滴へるのでもないのです。私共も仏心の一滴であって、一滴ずつの水をはなれて大海がないように、私共のほかに仏心があるのでもありません。私共も幻のように果敢《はか》なく見える生命も、ただちに仏心の永劫不変の大生命なのであります。どなたもご承知のアミダ如来は、限りない生命と、限りない光明の意味、大日如来はどこでも、何時でもましますという意味の仏号で、いずれもこの仏心を象徴したものにほかなりません」（『仏心』春秋社刊）

さらに次のように示されています。

わたしたちは誰しもが肉体がある以上、煩悩にふりまわされ、あれやこれやと迷います。しかし死ねば、煩悩の温床である肉体がなくなるから煩悩に自分を見失うこともなくなり、仏心の世界と一つになれます。この世界にはお釈迦さまも祖師方もいらっしゃるし、みなさんのご先祖もいます。ただこの世界ではAやBという個人の人格は失われ、一枚の大仏心に解け合っている。老師はそう示されています。

何より大悟された老師のことばです。わたしはこの教えを信じています。

生きている不思議

わたしたちの意識の世界では、この世に生まれ、死んでこの世を去っていくということは否定できないのですが、実は仏心という世界、大いなる命の世界と表現するしかない働きがあって、この生命は不生不滅です。これに包摂されているのがわたしたち個々の命なのです。

これまで自己の本心を仏心ということばで説明してきましたが、さらに仏心には大いなる命の世界という意味があります。この両者は決して別ではありません。自己の本心と大いなる命は、二つに別れていても之は同じく一つのものです。この大いなる命の中でわたしたちの命は生まれ、因縁が尽きると、もとの世界にもどっていくというのが真実なる仏心の世界です。

自分の命をよく観察してみましょう。自分がこの世に命を受けることも単に両親から生まれたということだけで理解できるでしょうか。そこで縦軸と横軸が交差する図をイメージしてください。両親がこの世に生まれるまでの限りない命の連続性があります。それを縦軸とします。生まれる以前も生まれるときも生きているときも、自分を生かしめる限りのない何本もの横軸と言える縁がありますね。二つの縁が微妙に交差した所に、私たち一人ひとりの命が存在できてきたし、縦軸と横軸の交差点で今を生きているのです。限りない縁の中で今生きているということは自分の力で生きているのではなくて、不可思議というしかない、大いなる命としかいいようがないものが働いていることは否定できません。うまく説明できませんが、こういう宗教的な生命観はことばでいくら説いても限界があります。疑念を抱く人もあることでしょう。あなたがこのことを信じるかどうかにかかっています。信心は理屈だけではわかりません。直観的に体験的につかむことが求められています。宗教的体験ということです。ですから今、無理に信じようとしなくてもかまいません。わたしもわが子を亡くすまで命と真剣に向き合うことができていませんでしたから、理屈は頭でわかっても本当にそうだと信じることはできませんでした。

ですから中陰の法要の教えは本来の仏教の教えではないのです。

亡くなると、七日ごとに七王によって生前の行いを審議されることはありません。亡くなると、直ちに故人は仏心の世界に帰るからです。亡くなると白木の位牌の戒名の上に、「新帰元」と書きますが、「元」とは仏心の世界のことで、そこに帰るという意味です。

亡き人のため、残された者のため

それではなんのために中陰の法要を営むのでしょうか。

『地蔵菩薩本願経』（「利益存亡品」）の次の経文が根拠になっているといわれます。「是《こ》の命終《みょうじゅう》の人未だ受生を得ざるとき、七七日の内に在って念念の間に諸の骨肉眷属《こつにくけんぞく》の、與《ため》に福力を造りて求抜《くばつ》せんことを望む」もちろん、これは中陰の間の供養について述べたところですが、この七七日の日の考えが基になっているようです。

また言うまでもなく、亡き人への思慕の情、感謝の気持ちから追善供養を営みます。というより営まずにはいられません。これは故人の霊魂の有無にかかわらず心に起きる、遺族の極めて自然の情だと思うのです。

もう一つあります。愛する者に先立たれると、その悲痛で本当に困惑します。なんと人の命ははかないものか。何もしてやれなかった無力感に陥ります。同時に、なぜうちの人だけがこんなに早く逝かなくてはいけないのか。なぜ自分はこんな辛い目にあわなくてはいけないのか。故人は果たして思い残すことがなかっただろうか。自分のこれまでの生き方に問題があったのだろうか。つぎつぎと自責の念や疑問がおこります。切なく苦しい日が続きます。

故人の死を受け入れることはなかなかできません。死という厳然たる事実の前に涙が尽きない日が続きますが、次第にその死を受容できるように、というよりあきらめざるを得なくなってきます。そして故人の人生を無にしないためには、自分はどう生きればいいのか。どう生きたら故人は喜んでくれるのか。このように心の内容が変わっていくのです。もちろん事あるごとに悲しみに胸が痛み心は行きつ戻りつします。

このような心の混乱は平穏な日々には起こらないものです。しかし愛する者の死という堪え難く辛い現実の中、宗教的な問いが起こらざるを得なくなります。

そういう心の過程を鑑みたとき、中陰法要のそれぞれの名を見てみると、先人が何を願って命名したか、各法要に込めたものを察することができます（残念ながら、これらの法要の名前の由来を全部説明したものはないようなのです）。

愛する者との永遠の別離にあって、悲しみと心の混乱の中、亡き人の供養を勤めながら、この悲痛から逃げずにしっかり向き合い、生きているとはどういう意味があるのかを問い、命とはなんなのか、自分を見つめ、故人の気持ちにどう応えたらよいのか、自分を深め磨く宗教的な心境にならざるを得ないのです。そう考えてみると、まさに故人の死をとおして、心の修行に勤めることになります。供養の心を学ぶことによって、遺族の一人ひとりが人生や仕事をしっかりとした歩みで歩んでいくことができたら、亡き人が最も安心し喜ばれるのではないでしょうか。その意味で法要の名前について私見を述べることにしましょう。

初七日（初願忌《すがんき》）悲しみの中、亡き人の追善供養をきちんとお勤めします、と最初に誓う。

二七日《ふたなのか》（以芳忌《いほうき》）芳とは故人の徳を意味します。その徳、故人の善いところを振り返ります。その徳を鏡として自分を振り返ります。辛いことですが、亡き人が自分をどのくらい愛してくれたか、思い出を振り返りましょう。

三七日《みなのか》（洒水忌《しゃすいき》）これまでの自分の生き方を懺悔します。

四七日《よなのか》（阿《あ》況忌《きょうき》・または相等忌）亡き人と同じ気持ちになって、故人が何を願っていたかを考えます。その意志を相続するよう誓いましょう。

五七日《いつなのか》（小練忌《しょうれんき》）悲しみの中、もう一度初願忌の心を思い出し、自己を見つめ磨こうと誓います。

六七日《むなのか》（檀弘忌）檀は布施の意味ですから、自分の不幸だけでなく、家族にも思いやりの心を忘れず、他人の死やその家族の悲しみを思いやる弘《ひろ》い気持ちを起こしましょう。

七七日《なななのか》（大練忌）中陰の法要の終わりにあたって、故人に感謝し報恩の供養をこれからも続けること、自分も人間的に成長することを誓いましょう。

このように中陰の七回の法要は、実は故人の死をいたむと同時に、供養する者が亡き人に導かれ、心が癒されて行くプロセスでもあるのです。このプロセスで仏法の尊さを身にしみてわからせてもらえます。

あなたも亡き人とともに自分を育てるよき機会にしていただきたいと思います。供養の「供」は「人」と「共」という字で構成されています。「人」とは亡き人のことです。亡き人と「共」に自分を人間的に養うことが供養ではないでしょうか。

百ケ日で泣くのをやめよう

百ケ日忌は「卒哭忌《そつこくき》」といいます。「哭」の意味は大声で泣くことです。「卒」は終わりということですから、愛する者を失って止まることがなかった涙をそっと押さえ、泣くことを卒業しようと心から決意することを意味します。中国の儀礼をまとめた『礼記《らいき》』には次のように出ています。「士は三月にして葬《ほうむ》る、この月や卒哭す」、三カ月を切りのよい百として、百ケ日忌としたのでしょう。

愛する者に先立たれたら、あきらめきれず、毎日何かにつけ涙涙です。しかしいつまでも泣いているばかりでいいのでしょうか。

西条八十《やそ》は『亡妻の記』でこう記しています。八十も愛児を失い、亡き子に夢でもいいから会いたいと思いを募らせていきます。ある日、自分が訳した童話を思い出します。その童話の主人公は愛児を亡くした母でした。

彼女は悲しみのあまりやせ細ります。ある夜、愛らしい子供たちが手に明るく燃える燭台を持って、楽しげに歌を歌いながら、天帝の座の周りを廻っている夢を見ました。その中に一人、ろうそくの灯が消えている子がいました。よく見ると、いとしいわが子ではありませんか。駆けよって訳を尋ねると、「お母様があまりお嘆きになるので、その涙でわたしの灯は消えてしまったのです」とその子が答えました。

残された自分たちだけが悲しいと思っていた西条も、亡きわが子の悲しみを知ります。彼は忘れがたい悲しみの中、パリに旅立ちました。

愛する者に先立たれ、途方にくれますが、百ケ日の頃になると悲しんでいるばかりではいけないと感じるようになってきます。こうした心境になるにも三カ月という時間は必要です。でもまだまだ涙は枯れない方もいます。わたしもわが子を失って煩悶しましたが、自分なりにけじめをつけるように、という気持ちになれたのは、やはり四国霊場巡拝中に迎えた卒哭忌のときでした。

このような忌日が百ケ日ですから、家族だけでお参りすればいいのです。

年忌法要について

一周忌

すでに述べたように、定められた年に勤める追善供養を年忌法要といいます。一周忌は、亡くなって満一年目に勤める法要で、「小祥忌《しょうしょうき》」といいます。やはり中国の儀礼を整備し編集した『礼記』に出ています。半分喪があけるという意味でしょう。「祥」の字は「正」の意味があると書きましたが、別の意味もあります。またこの字には、「もがり」といって家族が亡くなると二年間、家にこもって一途に供養する、その「もがり」から出ることを意味しました。二年（三回忌）で完全に喪が明けるとしたのです。「小祥忌」は半分喪があける、多少の生活で必要なことは許されるということでしょう。俗説には自分の家庭に一度不幸があると、それが連続してはかないませんから、続かないようにという願いから、めでたいという意味の「祥」を入れたという説もあります。

最後に遺族の心のプロセスを考えてみます。愛する者が亡くなると、遺族は精神的にも物理的にもひどく混乱します。それでも一年という歳月の経過のうちに少しずつ心の整理ができて、次第に落ち着いてきます。亡き人の身になってみたら、遺族が不安定なのが一番気がかりだと思います。一年たって、それなりに家族が落ち着きは故人が安心できるように誓う年忌と受けとめたらいかがでしょうか。

三回忌

三回忌は亡くなった年を入れて三年目の法要。「大祥忌《だいしょうき》」といいます。『礼記』が出典で、喪が完全にあけるという意味。二年経過をしますと、一年目とは違って、その分気持ちの整理もついてきます。家族もそれぞれ自分の道を歩み、感謝の念が深くなります。故人の願いに少しでも応えていくこと、より良き人生を送っていくように自己を向上させることを誓う日にされたらどうでしょうか。

『論語』「陽貨篇」に親の喪に関する問答がありました（意訳）。中国では親が亡くなると足かけ三年間喪に服しました。その間、公務も休み、衣食住も質素にすることが求められました。宰我《さいが》という弟子が「三年の喪は長すぎます。その間、社会の礼を行わないのは礼に反します。習い事でもその間しなければ、ダメになってしまいます。ほとんど一年で物事は新たになります」というと、孔子は「そうか、君は親が亡くなられ一年したら、おいしいものを食べたり、いいものを着ても気がとがめないかね」と応じます。彼は「別に気にしません」と答えました。「君が平気なら、そうしたまえ。だがな、君子と言われる人なら、喪に服しているとき、何を食べてもおいしくないし、音楽を聴いてもつまらない。この期間はおこもりをするとても大切な生活をするものだよ」と諭します。彼が帰った後、「なんと人情のない男だろうか。子は生まれて足かけ三年、父母の懐に抱かれ、育てても らう。だから親が亡くなったら、その間喪に服すことはあたり前ではないか。あの男だって、親に足かけ三年間大事に育ててもらっただろうに」と嘆かれました。

孔子の言葉からも三回忌の心が理解できます。

以降の年忌は、178頁の表をごらんください。

年忌法要の勤め方

準備すべきこと

年忌法要を勤めるにあたり、準備すべきこと、当日に求められること、終わってからなすべきことのそれぞれに必要な事項があります。

まず日取りを決めなくてはなりません。お寺で営むにせよ、自宅で勤めるにせよ、菩提寺に連絡して、日時・場所・法要の内容について打ち合わせをします。できたら二、三カ月前、少なくとも一カ月前には確定することです。塔婆を希望するときは親戚の分も含め、あらかじめお願いします。施主の名前をきちんと書くことです。

お斎《とき》（食事）をする場所も決めなくてはいけません。ご住職をお招きするときは前もって話をしておいてください。また日時については親戚や特に故人と親交が深かった方の都合を聞いておくとスムーズにいきます。

本来は祥月命日が一番好ましいのですが、来ていただきたい方の都合がつかないときがあります。また仕事の関係で土日がいいという方もいます。その場合、祥月命日より前の土日を選ばれたらいいでしょう。

当日に忘れてはいけないこと

仏壇に飾る花、お墓に供える花、お線香、果物、お菓子、お布施などを準備しておくことです。果物やお菓子は、故人が好きなものがあったら、それを用意するといいでしょう。またお寺で法要のときは、お菓子や果物を一対で供えることが普通でしょうから、数がわからなければあらかじめ聞いておくといいでしょう。お膳はお寺で作ってくれるところと、そうでないところがあります。これも必ず確認しておきましょう。これらお供え物を前日か、法要が始まる遅くとも一時間前にお寺に持参しましょう。

家で法要をされるときは、仏壇をいつもより丁寧にきれいにしましょう。さらに新しいろうそくを立て、香炉や花立てもきれいにします。当日、ご法要が始まる前に、香炉に火種を入れ、お膳とお茶をお供えしましょう。お茶は湯気が出ていることが好ましいです。自宅で営む場合の仏壇のまつり方は命日のとき（133頁）と同じです。

法要の式次第

お寺で法要をする場合は、菩提寺に着いたら寺院の方にご挨拶をします。時間がきたら本堂に（自宅の場合は仏壇の前に）着座して、ご住職を待ちます。

参列の順序は施主を筆頭に、家族、親戚、故人と親しい順に席に着いてもらいましょう。

開式の挨拶……施主がします（する場合はその趣旨をあらかじめご住職に申し込む）。

住職着座……ご住職が合掌されたら、一同合わせて合掌礼拝をしましょう。

法話……ご住職が法話されるときは私語は慎みましょう。

読経……お寺によって読むお経も異なります。一般的に言えば、『般若心経』「本尊回向」『観音経』『大悲呪』「亡者忌回向」『四弘誓願文』という順です。お経の本を貸していただいたら、間違えることを恐れず、できるだけ腹から声を出して読みましょう。

焼香のときはご住職の指示があると思います。ただ、焼香が終わっても法要が終わったわけではありません。最後まで静かにしましょう。小さなお子さんは忍耐がありませんから、どうしても静かに座っていることはできないでしょう。子どもだからといって、騒いでも放っておいていいことはありません。だからといって叱りつけたり、厳しくする必要はありません。法要の前に、家とお寺が違うことを前もって話しておくべきです。法要中でしたら、小さな声で話して聞かせましょう。赤ちゃんでしたら、泣き止まないときは本堂から出て、落ち着くまで待ちましょう。決して非礼にはなりません。

閉式の挨拶……閉式のことばを希望される方もいます。多くは、精進落しのときに挨拶をされるようです。閉式の挨拶を希望されるなら、あらかじめご住職にお願いしましょう。

法要が終わったら、ご住職にお礼のご挨拶をしましょう。そのときお布施を差し上げます。法要のときに仏前にお供えするところもあります。ご住職がお斎に出られないときは、その代わりに包まれる方もいます。

墓参り……本堂の法要が終わったら、ご先祖のお墓に供養に参りましょう。墓経を希望するときはあらかじめお願いしてください。前もって墓の掃除も忘れないように。

お斎……正客はご住職ですので、お席の順は正面中央の席か、一番上席に。あとは血の繋がりの濃い親戚、故人と縁の深い順で着いてもらいましょう。施主とその家族は末席です。皆さんが席に着いたら、施主は挨拶します。引き出物はお斎の終わりに渡します。

年忌の後、なるべく早く、焼香していただいた方々にお礼の手紙等を出しましょう。

法事の席に集まり、報恩の焼香をしていただいたわけですが、故人の縁で皆が一堂に集まり、親戚や知人と故人の思い出を語り合い、親交を深められたのも亡き人のおかげであることを忘れたくないものです。今は縁がうすい社会になっています。親戚との人間関係は煩わしい、余分な気を遣いたくないという風潮があります。しかし人は多くの縁に助けられて生きることができるのです。自分の都合で縁を狭めたり、縁を切ることは故人の気持ちに反します。大切なものを軽んじ真実に反すれば必ず、人生の末路は孤独という苦が待っています。蒔いた種は、必ず結果を産み出します。法事で、できるだけ亡き人の縁ある人をお呼びして、ともに供養をすることはとても大切なことです。

塔婆供養をする意味

塔婆は何を表すか

塔婆は卒塔婆《そとうば》ともいい、インドのことば「スツーパ」の音を漢字にあてはめたものです。お釈迦さまが亡くなられて、遺骨は八つの王国に分けられ、それぞれ塔を建てて遺骨を安置しご供養しました。また遺骨のほかに遺髪や火葬されて残った灰や遺品を納めて、合計で十の塔をつくられたといわれます。

スツーパも初めは、お椀をふせたように土をたかく盛りあげた形でした。そしてその上に傘のような形をしたものが備えられました。インドはとても暑い土地ですし、インドの身分の高い人には傘をさしかける習慣がありました。それらに由来するものです。これらの塔に人々（大半が一般の方々）が集まって、お釈迦さまの御教えやお徳を尊び供養するようになっていきます。これが大乗仏教の動きに発展していきました。

こうしたご供養が次第に、自分たちの身近な人が亡くなった後、その方の追善供養にも

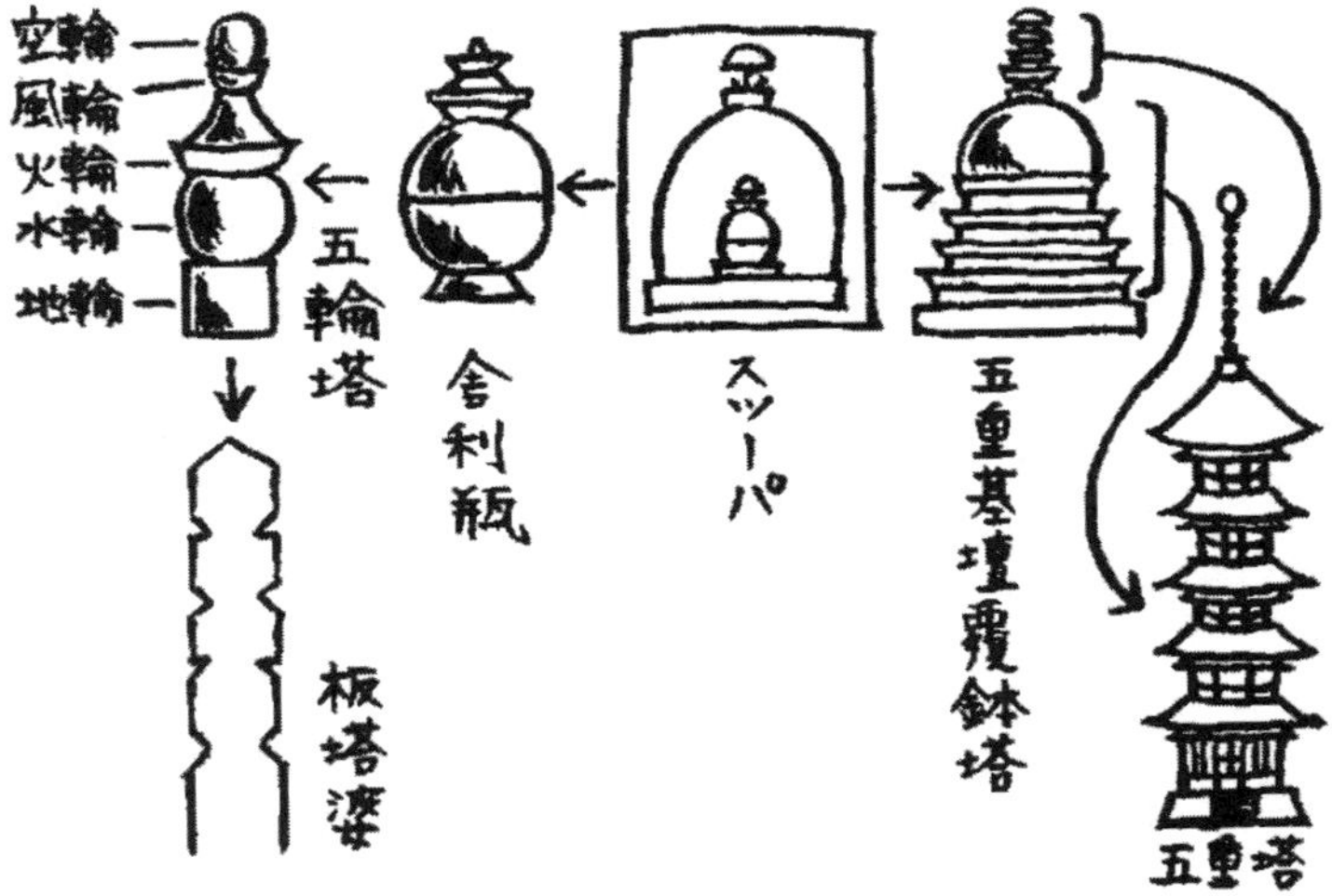

塔婆が立てられるようになってきたのでしょう。スツーパは図のごとく、時代によって変化していきました。誰でも立てられるようにと工夫されて現代の板塔婆になったのです。

板塔婆には五カ所に刻みが入っていることに気づくでしょう。インドの古来の考え方で、わたしたちの身体から宇宙まですべてのものを構成する要素を、地・水・火・風の四《し》大《だい》（大とは元素の意）として、これらが仮に和合して、すべてのものが存在し、時がくればバラバラに分散し滅していく、その必然的な現象を空と考えたのです。四つの要素と空を合わせて五大といいました。それを表しているのが、この五カ所の刻みなのです。この板塔婆の表に経文、その下に亡き方の戒名、何回忌かを書きます。裏には上に禅語を書くこともあります。供養の年月日や塔婆の施主名を書きます。法事が終わった後、お墓の裏側に立てましょう。

自らの心に仏心の塔を建てる

塔婆供養の心を導師が読む回向文に学びます。

「亡くなった方の死出の旅路の杖となり、三途の川を渡る橋ともなり、そして成仏する綱ともなる。さらに建立した施主には地獄・餓鬼・畜生という三つの悪い世界に落ちず、安らぎのある世界に生まれる功徳がある」と唱えます。

この回向を読みながら室生寺の塔が心に浮かびました。五重塔は仏舎利（釈尊の遺骨）の上に立てた図のような塔です。この五重塔は地震や風に揺れても、決して倒れることはないといわれています。法隆寺宮大工棟梁であった西岡常一さんの『木に学べ』（小学館）を読んでみると、「ゆうらゆうら動いて、力が抜けるとまた元どおりに、じっとおさまる」と塔が倒壊しない理由を話されていました。苦しいとき、心が揺れ動くのは当たり前です。しかしそのときはあせらない。時がくれば自ずと道は開けるものです。五重塔の美しさも素晴らしいのですが、その柔軟な心も学びたいものです。

塔婆を立てるのはご先祖への報恩と自分の身心に仏心の塔を育てることに他なりません。柔軟心を育てようと誓って塔婆を立てさせていただくことは、とても意義のあることです。

法要のQ&A

①中陰の間の荘厳《しょうごん》（寺院や法要のための飾り）はどのようにしたらよいのでしょうか。

二段、三段の棚を作り、白い布をかけます。お骨をまだ納骨してないときは、一番上の段に安置してその前にお位牌をおまつりしましょう。その下に遺影を置いてもいいでしょう。遺影の前に、水をいれた茶碗と香炉を置き、花立てをその左、燭台をその右に置きます。七枚塔婆があればお骨の傍に供えてください。

②中陰の間、仏壇は閉めておいたほうがよいのでしょうか。

仏教の立場からは、不幸があったからといって仏壇を閉める必要はありません。どんなときも合掌礼拝し仏道修行をすべきだからです。

③中陰の間の供養で特に心がけることは？

亡くなって七日ごとの忌日は菩提寺のご住職に来ていただくか、菩提寺に行ってご回向していただくとよいでしょう。ご住職と相談してください。中陰棚の日々の供養の仕方は普段の仏壇のご供養と変わりありませんが、亡くなられたばかりですから、普段より思いを込めて、丁寧に勤められたらいいでしょう。前述した「在《いま》すが如し」の心です。

④四十九日忌は忌明けですが、どのように供養したらよいのでしょうか。

忌明けというのは、忌み籠りしていた遺族が日常生活に復帰する日のことです。葬式の次の法要はこの四十九日忌（大練忌）を営みます。この日に納骨することもあります。この法要のとき、家の中陰棚をかたづけましょう。

白木の位牌を菩提寺に納め、四十九日忌のご回向をしていただき、漆塗りのお位牌の魂入れも併せてお願いします。白木のお位牌に貼ってあった法名の紙を取って、川や海に流しに行くところもあります。その時、その水や海水を汲んで、家の庭に撒くこともします。

⑤年忌の最終年忌を三十三回忌、あるいは五十回忌とする理由を教えてください。

日本は古代社会から死を穢《けが》れと考えてきたため、仏教がわが国に伝えられると、亡き人の霊を弔うことを仏教が受け持つようになりました。

人は亡くなると最初、生者に祟りをもたらす「荒御魂《あらみたま》」になるとされる日本独特の神道の教えが仏教にも入り、年忌法要を積むことによって亡霊も成仏し、今度は子孫に繁栄をもたらす祖霊になると教えました。さらに中国の十王の思想が導入され、ついで各年忌に仏さまや菩薩を当てはめる十三仏の信仰が生まれ、供養の数が今日の構成になってきました。わが国ではおおよそ十二世紀から十四世紀にかけて成立したようです。

こうして三十三回忌あるいは五十回忌で亡き人は成仏するとされ、祖霊に昇格するという日本独特の法要儀礼が生まれたのです。最終年忌のことを「弔《とむら》い上げ」と呼びます。とくに五十回忌は、塔婆には生木を使い、供養する習慣もあります。

日本固有の霊魂観から年忌法要の数が増え、展開されてきたと思われますが、歴史的なことより、やはり法事という仏事の本来の意味を忘れたくありません。

法事とは、法の場ということです。法は仏法のことですから、仏法を学ぶ場所ということです。ですから法事の席に参列するということは、焼香するために参加するというような、受身の姿勢ではいけないと思うのです。亡き人が亡くなった当初は悲しみに沈み、生きる力が失われます。一、二年たっても亡くなった日が近づきますと、とても辛くなると話された方がいました。大事な方を失った苦悩はなかなか癒されないものです。

次第にその悲しみや寂寥感もうすらいできます。遺族も生きていかなくてはなりません。そして故人の死を通して、生きるとはどういうことか、という真摯な探求の心も少しずつ深くなっていきます。愛別離苦の悲しみを通して、人間的に成長することができれば、亡き人の報恩となるのです。

そう考えたとき、故人の年忌を続けて営むことにより、故人が亡くなった当初の気持ちを思いだし、故人の願いを確認し深め自己を振り返るよき機会になるのだと思います。

ご先祖は残された者が人間的に成長することを心より望んでいるのです。よりよい人生を生きたかったら、生きる方便ばかりうまくなっても決して充分ではありません。それでは思わぬことが起きて苦悩するとき、何をよすがに生きていったらいいのでしょうか。人生の唯一の主人公として、自己の人生を経営していかなければなりません。そのためには、人間的に成長することが求められます。

御主人の三十七回忌をされたある婦人が「亡くなった後、この法事まで営むことができましたのも夫の導きですね」としみじみと語られました。「次の法事まで頑張ろう」と自分を戒め、夫に喜んでもらえるように精進してこられたのだと思います。

年忌法要ごとに、前回と比べて自己はどこが人間的に進歩し改善されたか、確認することも大切です。そして年忌法要に当たったご先祖に感謝し、自己の成長を報告し、さらなる精進を誓う記念日にしたらいかがでしょうか。

⑥年忌法要が重なったとき、どのようにしたらよいでしょうか。

本来はお一人の年忌法要を個々に営むべきです。とくに三回忌まではその故人だけにしましょう。しかし祖父と祖母の年忌が同年になったとします。例えば祖父の三十三回忌が三月、祖母の二十三回忌が十月とすると、併修してもよいと思います。そのときは早い方の祖父の祥月命日か、その日以前の近い日を選ぶといいでしょう。

わたしは併修について、ある檀家の親戚の方に教えていただいたことがあります。そのお宅には、年忌が同じ年に半年ほど離れて二つありました。併修することを決めていったん家に帰られたのですが、二、三日して、やはり個々にお勤めするという趣旨の電話がありました。聞けば、親戚の方が「理由あってのことだろうが、自分のように老年になると、故人の法要のおかげで親戚が集まり励まし合うことができる。これも亡きご先祖の思いやりだと思う。だから法事を減らしてしまうと、そういう機会がなくなり、ご先祖にも申し訳がないと思うのだよ」と言われたといいます。なるほどと感じ入りました。

⑦法要のお礼はどうしたらよいのでしょうか。

お寺によって決まりがあるところもありますので、聞きましょう。もし「志」と言われたときはどう考えたらいいでしょうか。この場合、同じ檀家の方に聞いてもいいでしょうが、ご自分の現在の経済を鑑みて包めばいいでしょう。そのとき決してお経料と書かないでください。法要の読経は僧侶出演料ではありません。「御布施」と書けばいいでしょう。

⑧友引に法事をしたらいけないと言われました。六曜といって、諸行事の日を決めるのに吉凶を占うために使われたものがあるそうです。気にする必要がありますか。

最近の暦には六曜が記されていないものも多くなりました。先勝《せんしょう》、友引《ともびき》、先負《せんぷ》、仏滅《ぶつめつ》、大安《だいあん》、赤口《しゃっく》という文字に出ている暦に気づいたこともあるでしょう。

例えば友引に当たる日に葬儀や法事をすると、死者の供養だから死の世界にともに引き込まれると考えて、この友引の日は仏事をしないほうがいいというのです。駄洒落の世界です。先勝の日は午前中は吉、午後は凶になるといいますが、この通りにすると、新幹線は午前中しか運行できないことになります。このように考えたら、ほとんど根拠がないと言えます。ですから法事を友引にしてもかまいません。しかし六曜を信じているお年寄りは、いくら理屈で意味がないと言っても受けつけません。もしそうならそれを聞き入れても大きな不都合がなければ、考慮してあげるのも思いやりだと思います。

第七章　臨済宗の年中行事

修正会　一月

禅寺の正月は、真前（仏・祖を祀られている前）に十六善神（『般若経』を受持し読誦するものを守護する十六の護法夜叉）の掛軸をかけ、献酒、餅（紅白）、塩、洗米、浄水、般若祈祷札を供えます。花立てには松、梅などの正月らしいものを入れ、庫裡には達磨大師の掛軸をかけます。

一般的に、鐘楼のある寺院では百八声の除夜の鐘を撞き終わると（鐘楼のない寺院は年が明けると即座に）、住職は本堂にて次のように読経を始めます。

『般若心経』を三回連続読みます。次に『理趣分《りしゅぶん》』というお経を読みます。このお経は、『大般若経』六百巻という大部の経典の五百七十八巻のお経です。このお経を読むと、仏道修行やもろもろの善行を除魔する外魔《げま》（外的な出来事）と内魔《ないま》（内なる煩悩）を打ちほろぼし、身も心も清浄になり、天寿を全うすることができる功徳があるといわれます。『理趣分』を読了すると、転読をします。転読というのは、経典を頭上に押し頂いて、扇を広げるように、左・右・正面に、上方から下方に、下方から上方に経典をパラパラと回すように翻すことです。その後、『観音経』「普門品」『大悲呪』『消災呪』等を読み、「修正回向」を唱え、仏法が広まり国の平和と豊作と、災難が消除されるよう祈ります。

祈禱会は正月の三ケ日、毎日勤めます。また一月から三月にかけて、別に日を定めて、『大般若祈禱会』を勤める禅寺も多いようです。その回向の内容は少し変わりますが法要は同じです。中央に導師である住職が坐し『理趣分』を黙誦します。その間、参加している僧侶は一人ずつ前もって分けてある『大般若経』を転読します。最初「大般若波羅蜜多経巻第〇〇唐三蔵玄奘《とうさんぞうげんじょう》奉《ぶ》詔訳《じょうやく》」と大声で唱えます。右へ、左へ、前へ、一巻ずつ転読します。転読が終わると「降伏一切大《ごうぶくいっさいだい》魔《ま》最勝《さいしょう》成就《じょうじゅ》」とさらに大きな声で唱えます。参加している者の心の中をすっからかんにしてくれるほど身心に響くのです。

江戸時代の禅僧・至道無難《しどうぶなん》は『自性記』の中でこのような指摘をしています。

「神に向かって君臣・父子・夫婦・兄弟・朋友にも語らざることを祈る。其の心即ち罰を受く」

わたしたちは欲がらみの願いのときは大きな声で神仏に願えないから、小さな声でヒソヒソと祈るものです。ところが『大般若祈禱会』の祈りはそんなけちくさいものではない。そんなけちくさい思いのような内なる魔も、外に起こる一切の魔も打ちほろぼして、仏道を成就しようという祈りだから、正々堂々と大声で唱えられるのです。

臨済忌　一月十日

宗祖、臨済義玄禅師（生年不詳―八六七）の亡くなられた命日に法要を営みます。義玄禅師ははじめ律や華厳の教えを学びましたが、学問だけでは真実の眼は開かないと気づき、黄檗希運禅師に就いて修行。行業純一《ぎょうぎょうじゅんいつ》で、ついに悟りを開きます。その自由自在・活撥撥地《かっぱつぱっち》の宗風は四方に伝わりました。寺が鎮州（河北省正定県）の滹沱《こだ》河の済《わたし》に臨んでいるところから、臨済院といわれた小院に住し、それが道号になったのです。

臨済禅師の法孫（同じ法の流れの子孫）は宋代になっていよいよふるい、中国禅宗の一大主流となり、日本においても大いに栄えました。

臨済禅師の説かれた教えを簡単に述べることは不可能です。臨済の「喝」とよく知られていますが、わたしたちの真の人間性を「一無位の真人」と端的に示されたことは前述の通りです。（『鎮州臨済慧照禅師語録』）どんなものにも依頼心を持たない、とらわれないとき、活き活きとした人間の本来の力が生まれてきます。

節分　二月三日

節分とはもともと季節の分かれる道を意味し、立春、立夏、立秋、立冬に移るときをすべて節分といいましたが、いつの頃か、立春に移るときに限られるようになりました。

この節分には「追儺《ついな》」の行事が営まれます。これは疫鬼を追い出す行事で、人に鬼の扮装をさせて追い出すもので、初め宮中で行われていたものが、現在では寺社や自宅でも行われます。そのとき豆をまきますが、豆が魔目や摩滅に通じるところから、豆を打って鬼の目をつぶし、魔を滅するように念じて行われるようになったのです。

豆をまくとき、僧堂では「鬼は内、福は外」と唱えます。一般社会と逆です。人の家に鬼を追い出すのは、自分の幸福を優先している思いがけちくさいというのです。

涅槃会　二月十五日

お釈迦さまが滅されたとされる二月十五日に、その遺徳をしのび、涅槃図をかけて法要を勤めるようになりました。お釈迦さまの最後の説法を記してある『遺教経』という経典があります。このお経を涅槃会の法要に読むお寺もあります。『大パリニッバーナ経』（小乗仏典・中村元訳）によってお釈迦さまの臨終の様子を述べましょう。

お釈迦さまは病をおして、故郷に向かいます。パーヴァーの町でチュンダという青年が差し上げた食物にあたり中毒の激痛に苦しまれました。しかしお釈迦さまは決してチュンダを怨んだりしません。むしろチュンダが責められることをとても心配しています。「チュンダの供養のおかげで、涅槃に入ることができる」と話されました。

いよいよ病は重くなります。クシナーラーの村に着くと、お釈迦さまは侍者のアーナンダ（阿難）に、サーラ（沙羅双樹）の間に頭を北に向けて床を用意するように言います。お釈迦さまはそこに右脇を下に、足の裏を重ねて、獅子座をしつらえ、正しく思い、正しく心をとどめられました。

アーナンダは日々、衰えていくお釈迦さまを見て泣き出します。お釈迦さまは、「やめよ、アーナンダよ、悲しむなかれ、嘆くなかれ。わたしはかつてこのように説いたではないか……すべての愛するもの、好むものからも別れ、離れ、異なるに至るということを」と諭します。お釈迦さまは彼の今までの奉仕に心から感謝を述べます。

お釈迦さまは余命いくばくもない状態になっていました。そこへ高齢のスバッダという人が入門を望み、自分がかかえている哲学的問題について答えを求めるのです。師は瀕死の病人ですから、アーナンダは三度拒絶するのですが、お釈迦さまはお許しになります。お釈迦さまは形而上学的な問題についてはお答えにならず、「（自分は）正理（人間の生きる道筋）と法の領域のみを歩んできた。これ以外には〈道の人＝宗教家〉なるものは存在しない」と示されました。スバッダはお釈迦さまの最後の弟子となったのです。

「さあ、修行者たちよ。お前たちに告げよう、もろもろの事象は過ぎ去るものである。怠ることなく修行を完成しなさい」と最後に述べられました。

この教えを述べられた後、安らかに亡くなられました。八十歳と伝えられます。お釈迦さまの死は特別の死ではなく、人間として亡くなられたのです。お釈迦さまの淡々とした平穏な死は、誰もが望ましき、理想的な死です。

「涅槃図」は、お釈迦さまが北枕して横臥された姿を基本にして、後世の人のお釈迦さまへの深い思いからつくられたものです。お釈迦さまを囲んで、仏弟子・菩薩・鬼神・鳥獣……ありとあらゆる生きとし生けるものが皆、泣き悲しんでいます。あらゆる生命を慈しんだお釈迦さまの心、そして仏さまと変わらない仏性がすべての生命に込められていることを示されています。

この行事は地方にいろいろな形で催されています。この日に炒り豆やあられを作り、お釈迦さまの「はなくそだんご」といって団子をお寺に供えるならわしが残っている地方もあり、毒虫の害にあわないと伝えられています。

彼岸会　三月・九月

春分と秋分を中日として、その前後の三日間にわたる一週間を「お彼岸」と呼び、その彼岸の期間に寺院で営まれる法要を「彼岸会」といいます。

寺院ではおおむね、施餓鬼会(後述)、先祖供養が営まれ、法話の時間も持たれています。檀信徒の方々は菩提寺の彼岸会に参加し、ご先祖の墓地に家族で詣で、家庭では彼岸団子やおはぎをつくってご先祖にお供えをします。

彼岸はインドや中国ではなかった習慣です。春分の日や秋分の日は昼間と夜の時間の長さがちょうど同じであり、太陽が真東からのぼり、真西に沈みます。そこから仏教の中道の教えが連想され、西方浄土も感応でき、日本人の心に定着したのでしょう。

春分の日を過ぎると、次第に暖かくなり、自然の命が萌えあがってきます。豊作を神仏やご先祖に願い、再び春を迎えられたことを心から感謝する念が起ってくる時節です。

この季節、さまざまの花が開花します。それにならって自分自身の心の花も開かれるよう、自分を磨くことを誓い、実践することが求められているのです。俳人芭蕉に「今日彼岸菩提の種を蒔く日哉」という一句があることもよく知られています。

彼岸とは、インドの古語、サンスクリットでパーラミターといい、「到彼岸」と中国人は訳しました。つまり迷い悩み、苦しむことの多い生死の世界（此岸）から悩みにとらわれず、心安らぎ心豊かな涅槃の世界（彼岸）に到ることが人間の修行です。

数多き人々のうち
彼岸に達するは
まこと　数少なし
余の人はただ

この岸の上に
右に左に
彷徨《さまよ》うなり

（『法句経』）

うろうろ日々にさまようのをやめ、自分を再生させる六つの修行（六波羅蜜《ろっぱらみつ》）があります。中日をはさんで前の三日間と後の三日間に六つの修行をそれぞれ割り当てて、この一週間を身と心の学習にしましょう。

一日目　布施《ふせ》波羅蜜

自分のしたことを自慢するよりもそれ以前に生かされていることを感謝し、ふれあう人々に善行を施すこと。

二日目　持戒《じかい》波羅蜜

自分本位な生活をするよりも生活に決まりやルールを設定し、生活を浄化し調えること。とくに仏教徒の守るべき五つの戒めがあります。

①できるだけ無駄な殺生をやめる。いのちを大切にしましょう。（不殺生戒《ふせっしょうかい》）

②わが身はいただいた生命です。感謝を忘れ、わが身をおしむことはやめましょう。また人さまのものを勝手に自分のものにしてはいけません。（不偸盗戒《ふちゅうとうかい》）

③男女の信頼を失うことはやめましょう。（不邪婬戒《ふじゃいんかい》）
④うそをいうのはやめましょう。誠実に生きること。（不妄語戒《ふもうごかい》）
⑤酒を飲んで、自分を見失ったり、酒にことよせて他者の批判をすることをやめましょう。人は、お金・異性・名誉・容姿……さまざまなものに酔うものです。酔い溺れていくと、酔っていることすらわからなくなります。そういうものに距離をおいて、自分を見つめ直す勇気をもちましょう。（不飲酒戒《ふおんじゅかい》）
三日目　忍辱《にんにく》波羅蜜
自分の意にそわなくても、辛くとも自分のおかれている状況を受け入れ、そこから一歩一歩歩き出すこと。
四日目　精進《しょうじん》波羅蜜
途中で投げ出したいという弱い自分に負けず、コツコツ努力を怠らないこと。努力も正・大・精・深の四つの条件を満たさないといけません。
五日目　禅定《ぜんじょう》波羅蜜
自分の欲にまかせていると、気が散ったり、何かに執着を強めていきます。心を落ちつけるには一日一度は静かに坐してゆっくりとした呼吸で心身を調えることです。
六日目　智慧《ちえ》波羅蜜
自分の感情や都合にとらわれず、物事をありのままに観、判断する柔軟な心の働きのこと。

六つの修行の共通項はなんでしょうか。仏道修行の眼目は、自分を忘れることです。

仏道をとふ人に

一、身をなくするなり、身に八万四千の悪あり、身なければ大安楽なり。じきに神なり。直に天なり。我家に仏といふなり（『即心記』至道無難）

わたしたちが一番充実したと感じるのは、わが身を打ち忘れ、心をカラッポにして、目前のことに打ち込めたときです。ふれあう人に尽くすときです。これが仏道の基本です。これを考えても「わが身の思い」を捨てることの大切さがわかりますね。わが身を捨てられたとき、この此岸の地がそのまま彼岸になります。

わたしたちは日々、仏道修行をすべきですが、平生は何かと生活に追われて、ついつい一日一日が終わってしまいます。この彼岸の一週間、とくに心して自己を磨く習慣を養って、日常の修行へと発展していきたいものです。

降誕会　四月

お釈迦さまが誕生された日を祝う法要です。お釈迦さまは今のネパールのルンビニーに、浄飯王《じょうぼんおう》を父に、摩耶夫人《まやぶにん》を母にシャーキャムニ族の王子として生まれ名字をゴータマ、名前をシッダルタといいました。シャーキャムニ（釈迦牟尼）族の出身であるところから、お釈迦さまと呼ばれ、シャーキャムニ族出身の尊い方という意味で釈尊と申し上げます。

摩耶夫人が出産のため実家のコーリャ族の国へ向かう途中、ルンビニーという美しい花が咲き乱れている園に着きます。そこにあるアショーカ（無憂花）の大樹が目に止まります。香り高いアショーカの花をとりたくて、枝をつかもうとされて、にわかに産気づかれ、夫人の右脇よりお釈迦さまはお生まれになったと『過去現在因果経』などの経典には述べられています。

菩薩、即便《すなわち》、蓮花の上に堕《だ》し、扶持《ふじ》する者なくて、自行くこと七歩し、其の右手を挙げて獅子吼《ししく》す、「我、一切の天人の中に於《お》いて、最尊最勝なり。無量の生死《しょうじ》、今に於て尽く。此の生《しょう》に、一切の人天《にんてん》を利益《りやく》せん」

誕生されると、お釈迦さまは自力で七歩歩かれ、あまりに有名なことば、「天上天下唯我独尊《てんじょうてんげゆいがどくそん》」と宣言されたといわれます。しかしいくらお釈迦さまでも人間ですから、誕生されてすぐ立って歩かれ、ことばを発せられる訳がありません。「オギャー」と天地いっぱいに善意もなにもはからいのない産声をあげられたのです。

山田無文老師は「天に人間を支配するような存在も、地に人間を堕落させるような悪魔もない。人間こそ尊厳だぞ。七歩歩かれたのは人間は自由であり、世界は人間のものだということを表している」（『釈尊にかえれ』）とお釈迦さまの誕生を説かれています。七歩歩くということは、煩悩があるものは生まれ変わり死に変わりして地獄・餓鬼・畜生・修羅《しゅら》・人間・天上の六つの世界（六道）を廻るとされていますが、その六道輪廻を超えることを意味すると説く経典もあります。

お釈迦さまのご誕生時の宣言はわたしたちの人生にどんな意味があるのでしょうか。

わたしたちがこの世に生を受けたとき、心は無垢な状態です。ところが置かれた環境は拘束も多く、自由になるものはそう多くはないものです。そういう状況下で自我意識が育ち、学問や体験を積んで成長していきます。社会に出て生活のためにも働かなくてはなりません。そのうち日々流されて生きるようになったり、行き詰まったりして、生きる希望を見失うこともあります。自分がかけがえのない尊い存在であることに気づかないままに社会人になって、年をとっていく。それが一般的な生き方ではないでしょうか。

しかしこのままでは人として生まれてきた甲斐はないと思います。やはり、「この世に生まれてきてよかったな」という心からの実感を抱ける人生でなければ本当にもったいないではありませんか。わたしたちはこの「生命の讃歌」に出会うためにこの世に生まれてきているのだとわたしは思っています。

お釈迦さまのあの生命の宣言が真実うなずけるには、わたしたち一人ひとりが「オギャー」と最初の誕生の後、「あめつちの中に我あり一人あり」(吉川英治)の如き、感嘆の声をあげずにいられないような、生命との出会いが不可欠です。そのとき、わたしたちの第二の誕生、再誕が起こるのです。お釈迦さまはわたしたち衆生にすべて、この喜びを体験してほしいという、大いなる誓願を立てられたのだと述べたいのです。

ですからご降誕会は、わたしたち一人ひとりの「再誕の記念日」なのです。

さらに『過去現在因果経』を読むと「此生に一切の人天を利益せん」と述べられています。つまり使命感を持ちなさい、かけがえのないこの生命を使い切れ、と教えています。使命感のない人生ほどむなしいものはないといわれるのです。

降誕会《ごうたんえ》は灌仏会ともいいます。先に述べたようにお釈迦さまが誕生されたルンビニー園には美しい花がたくさん咲いていたそうです。このことを象徴して「花御堂」が作られます。小さな御堂の屋根を色とりどりの花で葺き、四本の柱も花で飾ります。その中に小さなお盆を置き、甘茶をたたえ、中央に誕生仏のお像を安置し、本堂に供します。「浴仏偈《よくぶつげ》」をお唱えして、甘茶を仏さまの頂にそそぐ行事です。甘茶をそそぐのは、お釈迦さまが誕生したとき、龍王が歓喜して香り高い水を空中からそそぎ、お身体を洗浴したということに由来しています。

お盆　七月・八月

お盆は『盂蘭盆経《うらんぼんきょう》』に由来します。お盆はお釈迦さまの十大弟子のひとり、神通力第一の目連《もくれん》のお母さんを餓鬼の世界から救いたいという願いから始まりました。

目連はお母さんが死後、どの世界におられるのか、気になりました。神通力で観察すると、意外にも常に飢渇に苦しむ餓鬼の世界で苦しんでいたのです。苦しむお母さんに水を差し出すと、たちまち炎になってしまいます。

どうしても救い出せず、悲しんだ目連はお釈迦さまに救う方法を尋ねました。「汝の母は生前の罪業によって餓鬼の世界に落ちているのだ。おまえ一人の力では救うことはできない」と教え、そして「七月十五日は修行僧たちの自恣《じし》の日（修行中のことを反省し、自発的に懺悔をする日）だ。この日にお坊さんたちを供養すれば、お母さんだけでなく他の亡き人も救われる」と示されました。この出来事からお盆の行事が営まれるようなったといわれます。

このお盆がわが国にも伝わって、七月十五日には地獄の釜があいて、亡霊が苦しみから解放されるという伝えも加わって、亡くなったわたしたちのご先祖の霊も年に一度、帰ってくると信じられるようになりました。どなたの作品か分かりませんが、「外泊の許可を得て来ませ亡き夫よ今宵はうつし世の盆にて候」という歌があります。かけがえのない方を失った妻の気持ちが身に沁みます。

それで七月十三日（八月のところもあります）には精霊棚《しょうりょうだな》（盆棚）を作り、お位牌を仏壇より出して中央に置き、供物を供えます。夕方には迎え火をたいてご先祖を迎えるのです。そして十六日には精霊送りを行い、夕方に送り火をたく。こうしてお盆の行事が盛んに行われるようになりました。（225頁の図参照）

ところでお盆と似た行事にお施餓鬼がありますが、お施餓鬼の由来は後で述べるようにお盆と全く違います。

お盆とは盂蘭盆といい、インドの梵語の「ウランバナ」のことです。「倒懸《とうけん》」＝さかさまにされたような苦しみを意味します。我欲によってがんじがらめになり追い込まれ、すべてのことがうまくいかず苦悩している姿をよく表していると思います。

それではなぜ目連尊者のお母さんは餓鬼の世界に落ちたのでしょう。お母さんの生前の罪深い行ないとは何なのでしょう。ここで母の愛を考えてみましょう。

目連のお母さんは母親なら誰でもそうであるように、わが子がいとおしくて仕方がなかったと思います。自分のお腹を痛めたのですから、母の子を思う気持ちは名状しがたいものがあるものです。しかし、わが子可愛さに、ついつい他人の子どもを押しのけ、わが子可愛さに、わが子によかれという欲が生まれてきます。この貪りの心をお釈迦さまは指摘されたのだと思います。

また、わが子が可愛いということは、次第に自分のこうやって欲しいという思いに子が応えてくれることを期待する気持ち、欲に変わりやすいものです。自分のために子を愛するという本能も否定できません。そのため子が成長するにつれて、わが子が期待に応えてくれないことが起きたりすると、母は裏切られた気持になり、子どもから見ればそういう母の思いが負担になってきます。母子関係が悪くなり、母子ともに苦しむことにもなります。ですからわが子を愛する母の愛も二つの誤りを犯す可能性があります。母性愛は餓鬼道に落ちる危うさを秘めているのです。

仏教では母の愛は「大地の愛」にたとえました。あらゆるものを平等に育む大地の大いなる愛を母も学べというのです。そういう大らかな母の心があって初めて、子は身も心も健全に成長するのだとお釈迦さまは説かれたのでしょう。

さらにもう一歩内容を深めてみましょう。母はわが子が存在するが故に貪欲にわが身が毒されてしまうのです。見方を変えると、自分という存在こそが母に罪深い行ないを犯させていることになります。

子がない人はいますが、母親なくして誕生する人は一人もいません。そういう一真実に気づくとき、わたしは何も悪いことをしていませんなどとは決して言えなくなります。わたしたち一人ひとりが貪欲の心を懺悔せざるを得なくなってきます。実に深い洞察が読み取れるのがお盆の教えではないでしょうか。

お盆のとき読むお経は『観音経』『大悲呪』『開甘露門』です。『開甘露門』というお経はいろいろな経文の偈文や呪文を集めて作られた経文です。このお経を唱えると餓鬼の心も清められ、煩悩の猛火を滅せられるという功徳があると説かれています。また餓鬼とは誰も供養されない鬼を意味します。ですから「三界万霊」という位牌をまつり、自分の先祖だけではなくこうした餓鬼にも供養するのです。

お寺のお盆やお施餓鬼の法要におまいりいただきますと、焼香ではなく、洒水《しゃすい》（水をそそぐ）と洗米を供える所作が順次廻ってきます。右側に水が入った皿にそえてある葉のついた小枝を手にとり、軽く払います。洗米は洗った米のことで、むかって左側に供えてありますから、それを軽くつまんで、中央の皿に供えます。
お盆のときの家庭での盆棚の飾り方（一般的な例）は左記の如くです。地方によって異なりますから、注意してください。

盆棚の飾り方
・位牌……中央に置く。
・水鉢……どんぶりなどに水を張り、毎日取り替える。
・きゅうりの馬・なすの牛……盆には霊が馬に乗り、牛には荷を背負わせて帰るという言い伝えによる。
・燈明……毎日欠かさずともす。
・盆花……ききょう、おみなえし、山百合、はぎなど。
・供え物……団子、餅、季節の野菜、くだもの。

盆棚の飾り方一例

お施餓鬼　七月・八月

お寺で地獄絵を見たことがありますか。その中に、お腹がすいて食べたくても食べられず、やせ細り、腹だけが異常に大きい餓鬼がいるのを知っていますか。あなたはきっと餓鬼の姿を見ても全く無関係と感じるでしょう。無理がないと思います。現代は物が豊かな時代ですから、食べものが手に入らず、飢えで苦しむことなど考えられないからです。逆に食べ残したり、限りなくグルメを求めている面もあります。しかし、テレビのニュースに流れる、アフリカやアジアの難民の子どもたちの姿はこの餓鬼そのものです。彼らの貧しさを忘れてはいけないと思います。

ところで餓鬼はもともと、死せる者の意味で、生きているときに嫉妬深かったり、物惜しみをする人が行く世界だと教えています。考えてみれば、今生きているわたしたちの世界ではないですか。かかわりがないなんて、言えませんね。

お施餓鬼は『焔口餓鬼陀羅尼経《えんくがきだらにきょう》』というお経に由来しています。

お釈迦さまの甥で、十大弟子のひとり、多聞第一《たもんだいいち》と讃えられた阿難《あなん》という方がいました。ある日、静かに坐禅をしていると、焔口餓鬼が現われます。身体は骨ばかり、口からは火が吹き出し、のどは針先のように細く、髪は乱れ、悲しい姿でした。「おまえは三日で生命を失い、餓鬼の世界に生まれるぞ」と死を宣告されてしまいます。

驚きあわてた阿難はお釈迦さまに相談します。「明日、多くの餓鬼に食べものや飲みものを施し、三宝（仏宝、法宝、僧宝）に供養したら、あなたの寿命は伸び、餓鬼の世界に行かないですむであろう」と説かれました。早速、阿難はお釈迦さまの言われたとおり供養し、自分も救われ、多くの餓鬼も苦しみからのがれることができたといわれます。

私はこの焔口餓鬼こそ阿難の心を描写したものだと直感します。彼はとても頭がよく、美青年でした。若くして、お釈迦さまのお付きの役に選ばれました。大変に名誉ですし、幸福なことでした。なぜなら、お釈迦さまの説法を身近で聞くことができるからです。

阿難は、初めは感謝し、お釈迦様のお世話を懸命につとめましたが、次第に他のお弟子さんたちより自分はすぐれていると思い上がるようになったのではないでしょうか。恐らくいつしか自分中心で、人々にも不親切なところが出てきたことでしょう。自分の欠点はなかなか気づかないものですが、坐禅をして、己の心に餓鬼が住み込んでいることに気付き、自分があの醜い焔口餓鬼にそっくりだと目覚めたことでしょう。その事実を象徴しているのが阿難のお話ではないでしょうか。

ところで仏像を拝みますと、その目は半眼です。外を見ることと自分の内なる心を見ることと半々にせよ、ということでしょう。私たちも自分を省みることを忘れると、餓鬼の心に侵されていても気づかなくなってしまいます。ですから餓鬼の世界は何もあの世に行かなくてもこの世にちゃんとあるのです。

おせがきは漢字で表わすと〝施餓鬼〟となります。餓鬼に施すということです。私たちは自分を顧みて己の餓鬼の心を恥じ、ふれあう人々に少しでも心配りをすることがお施餓鬼の最も中心のテーマなのです。

従ってお施餓鬼は七月十五日だけに限定されません。一年中、いつ営んでもよい法要ですし、むしろ自ら日々懺悔することこそお施餓鬼の心の実践といえます。お寺では盆とお彼岸に勤めることが多いと思います。

お盆とお施餓鬼は異なる因縁から始まりましたが、二つの行事がともに餓鬼を救うことが共通のテーマであることから混同されてきたと思われます。また、夏の暑い七月（あるいは八月）十五日頃はのどのかわきを感じ、餓鬼の心も想像しやすく、いつしかお寺でもお盆とお施餓鬼の二つの法要をかねて、お勤めするようになったのでしょう。

お施餓鬼の法要はお盆とほとんど同じです。大体同じお経を読みます。荘厳も同じです。

達磨忌　十月

禅の初祖、達磨大師の忌日十月五日にそのお徳を讃えて営まれる法要を「達磨忌」といいます。

達磨大師というと、七転び八起きの達磨さんや、何か物事が成就したとき片目を黒くぬる縁起ものとして誰でも知っていますが、禅の教えを中国に最初に伝えた人です。

達磨大師は南インドの香至国《こうしこく》の第三王子として誕生されました。幼少のころからとても利発で、周囲の人々を驚かせました。父である国王がとても尊崇している般若多羅《はんにゃたら》という尊者がおられました。この方はお釈迦さまより法を継がれて第二十七代目の祖師でした。

ある日、国王は尊者に、すばらしい宝玉を献じます。早速、尊者は王子たちに、「この宝珠よりすぐれたものがあるでしょうか」と尋ねられました。第一王子も第二王子も「この宝珠はすばらしい世宝です」と答えました。ところが第三王子である達磨大師は、「この宝珠は自らを照らすことはできません。しかし『智慧』の光によって初めてその価値がどのくらいのものか、わかります」と答えます。尊者は重ねて「すべてのものの中で何が最も尊いのですか」と尋ねます。達磨大師は「誰でも有している仏心こそ尊い」と言われました。

その後、国王が亡くなられ、大師が出家を求めたので、尊者はこれを許します。

それから四十年の長きにわたり、尊者について一途に修行され、尊者が亡き後もさらにインド中に禅を広め、さまざまな思想家を論破されました。

そして大志を抱き、船で三年もかかって中国に行ったとも伝えられます。広州に上陸し、梁《りょう》の武帝に対面しました。武帝は仏法に帰依し、寺院を次々建立し、自ら袈裟を着けて経典を講説し、仏心天子とまでいわれました。武帝は「自分は寺を建て、僧侶を援助してきた。何か功徳があるのか」と達磨大師に問います。大師は「無功徳」とさらりと応じられたと伝えられています。禅の修行は自己を調え、自我を空じて、本来の自己に目覚めること。目覚めれば、自我から解放され、自ずと人のために何かせずにはいられなくなりなります。しかし人にしてあげたという思いがあるなら、やはり心はわが思い、自我で汚れた行いに過ぎません。いくら寺院を建て、財政的に援助をしても、いくら経典を研究して、仏教の知識が増えても、それだけでは意味はないのです。まして自分の行為を誇ったり、名声を求めたりするのなら、自我は逆にますますふくらむ一方です。

自分を見つめ直してみると、善業を積めるのは自分ひとりの力でしょうか。多くの人々の理解や協力があってのことです。善業ができる条件に恵まれて余裕があったからかもしれません。しかも悪業を犯しがちなわたしたちが、不可思議な力によってしなかったとも言えます。つまり、自分の力でなしたというエゴイスティックな武帝の自我を、達磨大師は大いなる慈悲心から「無功徳」という大刀でバサッと両断したのです。武帝は達磨大師の深い心がわかりませんでした。大師は因縁熟さずと、魏の洛陽の近く、嵩山の少林寺に住し、ただただ坐禅し、それは九年間に及びました。

中国の禅宗の第二祖の慧可《えか》など優秀な弟子が輩出し、達磨の法を継ぎました。大師は五二八年に亡くなります。百五十歳であったといわれます。

大師の弟子慧可禅師の後、大師の法は蓮の花が美しく咲くようにひろがり、六祖慧能禅師のとき、中国に禅がしっかりと根を張ります。

達磨大師が中国に来られ、法を伝えられて初めて、中国の大地に従来の学問的な仏教と全く異なった、坐禅を根本とする宗派、禅宗がおこったのです。それで大師を禅宗の「初祖《しょそ》」というのです。

こうして禅宗では達磨大師の忌日に、とくに大切に法要を勤めるようになりました。法要の心は言うまでもなくわたしたちが坐禅をして自己を究明することです。わたしたちは人生において迷い悩むことも多く、心が動きっぱなしです。しかししっかり坐禅をして定力が身につくと、何か事がおきて「困った」「参った」と一度は心が揺れても、必ずもとにもどり落ちついて、生きる力が湧いてくるものです。その尊い姿を象徴したのが七転び八起きの達磨さんなのです。

達磨忌は本堂正面の本尊さまの厨子をとじるか、あるいは屛風を立てて、その前に達磨像の掛軸をかけます。どうぞ皆さんも達磨大師に自ら相見して、この世で何が本当の〝宝珠〟か自己に問うてみてください。

開山忌

すべての寺院は創建のために中心になって財を寄せた人「開基《かいき》」と、仏法を伝えるために最初に寺を開いた僧「開山」のお二人を欠くことはできません。開山の祥月命日に営まれる法要を開山忌といいます。毎年厳修《ごんしゅう》されますので開山毎歳忌《まいさいき》ともいいます。

開山にもいろいろあり、寺院を実際に開いた方を「創建開山」、迎請されて開山となった方を「勧請《かんじょう》開山」といいます。さらに断絶した寺院を復興された方を「中興開山」、荒廃した寺院を再建した方を「再興開山」と呼びます。

開山忌の心を大応国師と無相大師が弟子たちに残された遺言から学ぶことにしましょう。禅宗の流れはいくつか日本に伝わってきましたが、結局わが臨済宗は一つだけが残り、その法の流れを「応燈関《おうとうかん》」といいます。「応」とは中国の虚堂禅師の法を嗣いだ南浦紹明禅師（円通大応国師）、「燈」とは国師の法嗣で京都の大徳寺開山の宗峰妙超《しゅうほうみょうちょう》禅師（興禅大燈国師）のこと、「関」とはさらに大燈国師に嗣法して妙心寺開山となった関山慧玄禅師（無相大師）のことです。

大応国師は「遺誡」の中で弟子に心から願っています。「落ち着いて仏道を修することができるのはお釈迦さまや祖師方のいつくしみのおかげです。この世で生死(人生の苦悩)の問題を解決できなければ、いつ仏祖の恩に報いることができるのでしょうか、時は本当に失われやすく、怠けて一日一日を過ごしてはいけません」と。

また無相大師の遺誡にも次のように述べられています。

「後世弟子たちが私のことを忘れることはあっても大応国師、大燈国師のお二人への深い恩を忘れるようなことがあったなら、そのものたちは私の弟子ではない。おまえたちよ、自己の究明という最も根本のことに励みなさい」

お二人とも最も望んでいるのは、わたしたちが本来の自己に目覚め、主体的に心豊かに生きていくことです。ですから開山忌の法要で最も大切なことは、開山の報恩の心と仏道修行に務め、その成就を誓うことです。

寺院では開山忌の前日を「宿忌《しゅくき》」といい、午後に開山の法要を勤めます。忌日の朝は「献粥《けんしゅく》」といって開山の真前にお粥をお供えし、「半斎《はんさい》」という忌日当日、午前中に法要をお勤めします。

半斎には法縁の寺院のご住職に出頭を請い、檀信徒の皆さんもできるだけ参加してもらうように案内します。

本堂の正面の本尊さまの前に屏風など立てて、その前に開山像をかけます。僧侶は『楞《りょう》厳呪《ごんしゅ》』というお経を真前の前を歩きながら読み行道をすることもあります。

成道会　十二月

お釈迦さまがお悟りを開かれた十二月八日に営まれる法要を成道会《じょうどえ》といいます。降誕会と涅槃会と合わせて、三つの法要を「三仏忌」と呼んでいます。

お釈迦さまは二十九歳のとき、人生の苦をいかに克服するか、このテーマの解決を切望して出家されました。そのためには、人生の師が必要です。師を求めて、インドの各地を訪れますが、お釈迦さまの心にかなう宗教体験を持った方を見出せませんでした。

そこで今日もインドで伝統的に行われているさまざまな苦行を試みます。ガンダーラ仏といわれる骨相の苦行中の釈迦像はよく知られていますが、断息・断食等によって煩悩を制止しようとします。肉体があるから煩悩が起る、木の実など粗末な食物を食べて肉体の力をそぐのがいいと考えられたのでしょう。しかしやはり悟りは開かれませんでした。

ついにお釈迦さまは六年も続けた苦行を捨てて、マガダ国の象頭山を下り、尼連禅河《にれんぜんが》で沐浴し、わが身を浄めます。村の娘、スジャータが献じた乳糜《にゅうび》（乳がゆ）を食され、次第に体力を回復されます。

お釈迦さまは大きな菩提樹の下に悟りを開くまで決して退かないと決めて静かに坐しました。瞑想しているお釈迦さまに悪魔が次々と現われては苦しめ、誘惑をしたと経典は述べています。魔とはインドのことばで「マーラー」、（人を）殺すものという意味です。

悪魔の王に三人の娘がいて、それがなまめかしい姿でお釈迦さまににじりよります。お釈迦さまは黙したまま、鏡を向けられます。鏡を向けられた魔女たちは、鏡に映った自分のあまりに醜い姿に驚きあわてて逃げ去りました。しかしそれはお釈迦さまの内なる煩悩の世界を具現化したものです。

わたしたちはなかなか自分の心のなまの姿を正視しようとしません。自分の心の中に燃えさかる、貪り、怒り、不満、欲情、憎悪、嫉妬、怠惰……これほどまで自分の心は汚れていると知ったら、自己嫌悪で誰だって自分から逃げだしたくなります。お釈迦さまは逃避せず自己凝視に徹しました。逃げずに正視するから、自分の心のありのままに気づき、そこに自己改革の道が自ずと開かれます。魔とは、お釈迦さまの内なる煩悩であることは言うまでもありません。

お釈迦さまはさらに坐りぬきます。数日後の朝のこと暁の明星が輝くのを見て、お釈迦さまの心に大きな大きな心の爆発が起こります。『過去現在因果経』を読みます。

無明を破り、明相（明星のこと）出づる時、智慧の光を得、習障を断じて、一切種智を成じぬ

山田無文老師の悟りの体験を紹介しましょう。

老師は坐禅をして、心が調《ととの》い、自分が無になったと書かれて、「何もかも忘れきって無になっていくのです。（中略）絶対無になるのです。本当に空になります。本当のゼロになります。生まれたままの赤子になります。そうなったとき、なるほど、ここだな、人間性の本質はここだな、人間の原点とはこれなんだな、とわかってまいります。鏡のように澄みきった純粋な心とは、このことだったんだな、と必ずわかる時がくるのです。しかし、それがわかっただけではまだ悟りとはいえないのであります。その何もない無の心が、外

の世界の何かに触れた瞬間、忽然として爆発する、無が爆発するのです。お釈迦さまは暁の明星を見て悟られましたが、悟りとは忽然として無から有があらわれ、それが見えたということであります。『あった、あった、光っとる、無じゃなかった、星が光っとる、おれが光っとる』、と星と自分がひとつになって境がないと悟られたのです」（要約）と述べられています。

こうしてあらゆるものが自分と同じ仏性をもって命いっぱい輝いている、と悟ることを成道といいます。お釈迦さまが三十五歳のときのことでした。

お釈迦さまのお悟りを祝う成道会はどんな心でお迎えしたらよいのでしょうか。ひとことで言えば、「わたしたちがどんなことをしても出会うべき人は誰か。それは本当の自己である」ということです。

もっとも出会いといっても人と人とが出会うという、目に見える形ではありません。本当の自己は無です。形がありません。ですから無相といいます。無相だから、外にも内にも求めても得ることはできません。老師のように、自ら体得するしかないのです。

至道無難禅師は「出山釈迦図」の上にこう書しています。

ひたすらに身は死にはてていき残る
ものをほとけと名はつけにけり（「即心記」）

わたしたちでも、わが身を忘れて打ち込んだとき、仕事と一つになったとき、無心ですから仕事はスムーズに進み、そのとき真実の自己が現われてきます。そのとき本当の自己と出会っているのです。

古来より大半の禅宗の修行道場では、お釈迦さまがお悟りを開かれたのを十二月八日の鶏鳴《けいめい》（今の午前二時です）として、十二月一日から八日まで、臘八大接心という不眠不休に近い厳しい修行を雲水は励んできました。

八日の朝八時より、正面に出山仏《しゅっさんぶつ》（やせおとろえたお釈迦さまが苦行の山からおりてくる姿を描いたもの）を掛け、乳糜《にゅうび》を供えて、ご回向します。

その後、休息をいただきます。わたしは最初の臘八は一週間寝かせてもらえないというので大変緊張しましたが、終わったとき、心の底から湧き出る喜びはとてもことばで表わすことはできませんでした。そして自分のような精神の弱い者でもなんとか道場でやっていけるという自信を得たことはとても大きな収穫でした。楽していたのでは何も発見できず、身につかないことを思い知りました。忘れてはならないのはともに修行した雲水のおかげです。このような修行は一人ではできません。

藤原 東演　略歴

臨済宗妙心寺派宝泰寺住職。サールナートホール館長。1944年静岡市にある宝泰寺に生まれる。
京都大学法学部卒業後、紆余曲折を経て京都の東福寺専門道場で修行。臨済宗妙心寺派布教師会会長、臨済宗妙心寺派教学部長、浜松大学非常勤講師などを歴任したほか、静岡青年会議所文化開発室長、高校英語教師をつとめた。「心の絆を育む会」代表
主な著書に『捨てる幸せ』『空気は読むものではない　吐いて吸うもの』（以上あさ出版）、『禅、「あたま」の整理』『禅が教えてくれた「悩む力」』（以上三笠書房《知的生き方文庫》）、『「見る」だけで頭がキリッとする禅の教え』（成英文庫）、『いつでもひとりに戻れる生き方』（亜紀書房）、『仕事の迷いが晴れる「禅の６つの教え」』（講談社＋α新書）、『禅の発想』（大和書房）、『なぜジョブズは禅の生き方を選んだのか？』（PHP研究所）など多数。

新版《しんぱん》 臨済宗《りんざいしゅう》の常識《じょうしき》

2016年10月31日　第１版第１刷
2019年10月20日　第１販第２刷

著　者　藤原東演
発行者　嶝　牧夫
発行所　株式会社朱鷺書房
奈良県大和高田市片塩町8-10（〒635-0085）
電話 0745-49-0510　Fax 0745-49-0511
振替 00980-1-3699

印刷所　モリモト印刷株式会社

定価はカバーに表示してあります。落丁・乱丁本はお取替いたします。

ISBN978-4-88602-205-9 C0015　
ホームページ http://www.tokishobo.co.jp